CI 品牌设计

涂 欢 主编

实用手册

CI设计理念的革命　品牌设计思维的突破

Practical Manual of CI Brand Design

中国建筑工业出版社

图书在版编目（CIP）数据

CI品牌设计实用手册／涂欢主编．—北京：中国建筑工业出版社，2011.11
　ISBN 978-7-112-13720-6

Ⅰ.①C… Ⅱ.①涂… Ⅲ.①企业形象-造型设计-手册 Ⅳ.①F270-62 ②J524-62

中国版本图书馆CIP数据核字（2011）第224559号

参编人员：王昕霞　熊兴福　赵　芳
责任编辑：唐　旭　张　华
责任校对：姜小莲　赵　颖

CI品牌设计实用手册
涂　欢　主编
*
中国建筑工业出版社出版、发行（北京西郊百万庄）
各地新华书店、建筑书店经销
北京嘉泰利德公司制版
北京画中画印刷有限公司印刷
*
开本：787×1092毫米　1/16　印张：10　字数：240千字
2011年12月第一版　2011年12月第一次印刷
定价：68.00元
ISBN 978-7-112-13720-6
　　（21507）

版权所有　翻印必究
如有印装质量问题，可寄本社退换
（邮政编码 100037）

前言

如今，CI品牌设计在市场营销、品牌管理、工业设计领域的应用和研究越来越为之广泛，它是对品牌创塑、商品销售、市场营销的一种综合性规划与实施，是社会进步、市场竞争及艺术审美发展的结果，CI品牌意识的革命和品牌设计的提升无疑是"中国制造"向"中国品牌"、"中国设计"转型的重要理念支撑。

本书抛弃和颠覆了大多数品牌管理书籍停留在单纯的CI视觉基础设计或品牌规范管理的状态，结合多年市场营运经验，从全程CI品牌管理方法的角度，营造和构建全方位的品牌产品体验设计、品牌识别传播设计、品牌销售空间设计、CI品牌设计的管理和实施四大块组成的内在逻辑体系、相互支持，为读者展现出全新的CI品牌设计实用理论体系；同时，高瞻远瞩地把品牌经营的议题提升到了核心竞争力上，从而更进一步地说明本书是真正意义上的CI品牌设计专著，相信读者能在书中找到品牌建设全方位的专业答案。

从中国建筑工业出版社向我们约稿，到如今印刷成册，前后持续了一年多的时间。在此，非常感谢中国建筑工业出版社给我们提供了这么一次对CI品牌设计理解和认识的表达机会，感谢合作编著此书的同事王昕霞老师，感谢外国语学院赵芳老师对编著此书提供的大量外国读物资料，感谢南昌大学工业设计系熊兴福教授在整个编写过程中给予我们的诸多建议和人员的帮助；感谢南昌大学工业设计系在读研究生邓穗琪、吴天涵、高冰尧、杨瀚如等同学在本书编著过程中的大力支持。

现今，本书终于将我们的一些工作实践和观点汇成文字加以展现，对于本人来说是一种鼓励，在编写过程中难免有偏颇和不足之处，真切希望同行和各位读者提出宝贵意见。

涂欢

2011年6月10日于南昌

CONTENTS

目 录

前言

001	**1**	**概论**
001	1.1	市场与品牌竞争
010	1.2	企业经营的品牌化
014	1.3	CI品牌的价值和意义
020	**2**	**品牌产品体验设计**
020	2.1	产品交互体验设计
024	2.2	产品人性化设计
029	2.3	产品质感设计
033	2.4	产品服务性设计
040	**3**	**品牌识别传播设计**
041	3.1	品牌基础视觉识别设计
046	3.2	商品包装及产品造型识别设计
054	3.3	广告识别设计
058	3.4	活动识别设计
062	3.5	事务识别设计
066	3.6	环境识别设计

069	**4**	**品牌销售空间设计**
069	4.1	品牌销售空间设计综述
075	4.2	商店卖场及展会空间设计
087	4.3	商店卖场的色彩运用
091	4.4	商店卖场的照明设计
096	**5**	**CI品牌设计的管理和实施**
096	5.1	品牌的战略管理
105	5.2	品牌规范管理
112	5.3	品牌运营管理
118	5.4	品牌资产管理
127	**6**	**CI品牌设计经典案例赏**
127	6.1	Mac电脑
134	6.2	Philips
136	6.3	STARBUCKS
140	6.4	Wal—Mart
144	6.5	Mercedes—Benz
148	6.6	Coca—Cola

153　参考书目

1 概论

1.1 市场与品牌竞争

1.1.1 当今市场竞争就是品牌的竞争

21世纪是品牌竞天下的时代，品牌价值的多少成为衡量一个企业综合实力强弱的重要标准。随着中国加入WTO，国际经济一体化时代的到来，实施品牌战略，成为这一时代企业经营战略的重要内容。我国众多企业越来越体会到品牌的重要性，也越来越重视品牌运营和品牌建设。

品牌是一个复合概念，它由品牌名称、品牌认知、品牌联想、品牌标志、品牌色彩、品牌包装以及商标等要素组成[1]。美国营销学权威菲利普·科特勒（Philipkotler）认为："品牌就是一个名字、名词、符号或设计，或是上述的总和，其目的是要使自己的产品或服务有别于其他竞争者。"如果用最简单的概括来表述：品牌就是知名度和美誉度的结合，又是消费者对产品的内心认同度。

品牌现在已成为一种新的国际语言进入了全世界的各个角落，其作用也日益突出。21世纪的竞争将更加激烈，全球经济一体化的趋势不仅把企业推入品牌竞争时代，而且使得国家、城市、产业族群、个人都不可逆转地跨入品牌竞争力时代。当我们自信地迈入21世纪的大门时，品牌经济已成为现代市场经济的主流，这是现代经济文明发展的必然趋势。

毫无疑问，市场经济在当今世界绝大多数国家占据着压倒性的统治地位。竞争是市场经济的本质，是伴随着市场经济而存在的体制要求和体制现象。市场经济自始至终表现为竞争的过程。企业作为市场的核心主体，始终处于各种竞争中。也就是说，竞争是市场经济环境下企业生存和成长的方式。一个企业要想在市场竞争中生存和发展就

---

[1] http://wenku.baidu.com/veiw/90da85c-55fbfc77da269b132.html.

必须具备应有的竞争力。

　　市场经济的充分发展，使得商品日益丰富和多元化，逐步带来了物质生产的相对过剩，科学技术的飞速进步、普及与传播，又使各个类别商品的同质化趋势日益明显。市场经济的竞争已变得日益激烈。

　　市场竞争越激烈，市场竞争者越多，竞争手段越先进，市场、企业、消费者对品牌的需求就越旺盛，因为品牌已经成为同类产品之间相互区分的主要标志。

　　品牌经济是市场经济发展和进化的结果。[1]

　　当市场经历单一的产品竞争、质量竞争、价格竞争、广告竞争等之后，就会发现品牌竞争势在必行，市场经济的熔炉必然会锤炼出品牌经济。

　　品牌经济是市场经济发展的必然产物，品牌竞争力是品牌经济最显著的特征。

　　与市场经济规律相悖的计划经济，不可能孕育出品牌经济，而品牌经济所设计的任何产业，都应是竞争和开放的。

　　在计划经济时代，由于自给性、数量、种类、交易频率和规模等方面的制约，市场的范围极其有限，而且在规律、价值度量和促进持续交易等方面的功能也很微弱。由于计划经济时代一切由政府统筹，面对供不应求的卖方市场，人们不存在品牌观念，时常竞相排队抢购，社会各阶层都特别缺乏品牌意识。

　　在垄断和封闭的计划经济市场中，只有产品，谈不上品牌，更谈不上品牌经济和品牌竞争力。

1.1.2　品牌竞争力

　　面对激烈的市场竞争，企业生存的关键在于品牌的竞争力。

　　品牌竞争力是企业核心竞争力在市场上的物化和商品化的外在表现。企业现有的任何核心竞争力优势，如资源优势、技术优势、人才优势、管理优势、营销优势等，最终都应转化表现为企业的品牌竞争力优势。只有这样企业才能在激烈的市场经济竞争环境中取得可持续生存与发展，保证企业的长治久安、长盛不衰。

图1-1　Rolex logo

图1-2　2008北京奥运会吉祥物邮票

[1] 成清华. 我国汽车品牌自主发展战略研究 [D]. 湖南大学硕士学位论文, 2006[2006-10-20]. http://www.docin.com/p-58632847.html.

图 1-3 双立人 logo

图 1-4 法拉利 logo

图 1-5 三星 logo

品牌竞争力是指企业的品牌拥有区别于其他竞争对手或在行业内能够保持独树一帜、能够引领企业发展的独特能力。这种能力能够在市场竞争中显示品牌的内在品质、技术性能和完善服务。[1]

在今天这个被称为品牌经济的时代，品牌竞争力已经逐渐成为一个企业综合竞争力的最重要表现，决定着企业在市场中的地位。品牌竞争力已是新时代的主题，21世纪品牌竞争将更激烈、更复杂，品牌竞争力成为不可或缺的战略资源。

品牌竞争力分为八个结构层次，（图 1-6）：

1.1.2.1 品牌竞争力的层次之一：品牌核心力

建立卓越的品牌，必须提升品牌核心能量，促进品牌整合力度。品牌核心能量是指组织与产品在品牌系统运作过程中所形成的其他组织与产品所不具备的存在优势与市场竞争力，它同时是该品牌各种优势之中最为显著和基础的部分。

品牌核心力是紧紧围绕产品本身能够为消费者提供实实在在的利益所形成的，品牌必须代表一定的利益，能够显示该品牌的产品将给顾客带来什么样的好处和价值，即品牌的核心价值要紧紧围绕产品本身能够提供的利益。

品牌核心力最显著的特征就是能够提供更好、更可靠的质量。质量是品牌的生命，是品牌的灵魂。世界上的知

---

[1] 李光斗. 品牌竞争力 [M]. 北京：中国人民大学出版社，2004.

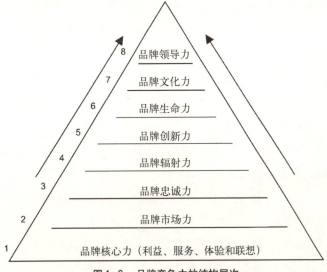

图 1-6 品牌竞争力的结构层次

>>>>>>>>>>>

名品牌无不体现着高质量。品质是企业创造品牌的根本，是使顾客产生信任感和追随度的最直接原因，是品牌大厦得以稳定的根基。没有高品质，就不可能称为真正的品牌，甚至可能会导致企业经营的失败。

品牌的核心力还有赖于其可感知的技术，在市场竞争中，技术是确定新机会的主导力量，而品牌则是保持技术生命力的关键因素；拥有关键的具有自主知识产权的核心技术，是增强企业核心竞争力的关键；通过实施工业品外观设计创新和保护战略可在短时间内提高产品的国际竞争力，变被动为主动；品质细节，通过产品说明书体现对消费者的关怀；通过服务提升品牌竞争力。

图 1-7　Philips 显示器

1.1.2.2　品牌竞争力的层次之二：品牌市场力

品牌的市场力是指品牌的市场占有率、品牌受消费者欢迎的程度，以及品牌在市场上的销售速度。

强势的品牌市场力意味着企业及其产品质量稳定、技术先进、价格合理、营销得当，能够满足市场和消费需求，能够获得稳定的市场份额。[1]

品牌市场力就意味着品牌的高获利能力。品牌竞争力强大的一个重要表现就是品牌产品不但卖得比竞争产品贵，还卖得比其好、比其快。因为品牌特别是名牌有相当的信任度、追随度，通过品牌所体现出来的产品品种具有可依赖性和文化内涵等因素，消费者愿意为自己购买的品牌支付更高的价格，由此企业就可以为品牌制定相对较高的价格，从而使该品牌产品得以溢价销售，获得超额利润，这就是品牌的财富增进机制。

品牌的市场力意味着对抗价格竞争的能力。品牌竞争力强的产品在市场上得到主导地位的机会也比其他产品高，在价格战中拥有更大的主动权。企业依靠产品的价格优势与竞争者较量，期望通过低价吸引消费者，保持一定的市场占有率。在这种情况下，除非企业能保持住极低的生产成本优势，否则要想维持一个长期的、较高的市场占有率是非常困难的。

品牌竞争力强的可以拓展销售渠道。品牌的声誉溢出效应，能够使企业获得在"供应链"或"销售链"中的主

---

[1] 李光斗. 品牌竞争力 [M]. 北京：中国人民大学出版社，2004.

动优势,减弱来自供应商或经销商讨价还价的能力。同时可以对渠道产生强大的拉力,密集销售终端,顺利实现加大对区域市场的渗透。

1.1.2.3　品牌竞争力的层次之三:品牌忠诚力

品牌忠诚是指消费者由于对品牌的偏好而在长时间内产生的重复购买倾向。顾客的品牌忠诚度一旦形成就很难受到竞争产品的影响。品牌忠诚是品牌资产中最重要的部分,品牌认知、品牌联想以及感觉品质最终体现在品牌忠诚上,这是企业实施品牌战略的根本目标之一。

增加消费者品牌忠诚度可以保证企业的未来利润,品牌的忠诚度能够直接转变成未来销售的增长。增强消费者复买率对企业来说,意味着用较少的促销费用,获得更多的利益。[1]

如何塑造品牌忠诚?

一是"造就"消费者满意的产品,以消费者利益为本。品牌价值体现在品牌与消费者的关系中,品牌能给消费者带来利益,品牌的知名度和美誉度本身就是建立在消费者基础上的概念。因此,消费者能否认可是评判品牌优势的最终标准。

二是以情感营销赢得顾客信任。随着消费的日益理性,"硬"销售已经失去了吸引力,取而代之的是"软"销售,这种将感情色彩注入营销中独具魅力的方式,让人感觉到营销富有人情味。

三是品牌的人格化传播。企业创办者或对品牌有清晰认识的CEO都可以作为强有力的品牌识别角色。将品牌识别人格化能赋予员工和合作者明确的、情感性的责任。

四是树立专家形象,增进消费者忠诚度。树立专家形象可以大大增进消费者的品牌忠诚,企业必须致力于同类产品中保持领先的专业水准,并且树立自己的专业形象。以"口腔护理专家"为品牌形象的高露洁,在进入中国市场短短十年时间里,已在品牌众多的竞争中,凭着正确的定位、强大的宣传树立起"没有蛀牙"的品牌形象,市场份额遥遥领先。

五是改善品牌传播,加强与消费者的沟通。商品力、

图1-8　橱窗展示

---

[1] 李光斗. 品牌竞争力[M]. 北京:中国人民大学出版社,2004.

品牌文化和品牌联想等构成品牌力的因素只有在传播中才体现出它们的价值。我们知道，品牌力主要站在消费者的角度提出，而要使有关品牌的信息进入大众的心智，唯一的途径就是通过传播媒介。

1.1.2.4 品牌竞争力的层次之四：品牌辐射力

企业竞争所体现的市场面越宽（即企业能够在众多的产品系列中表现其竞争力），其竞争力也就越强。竞争力强的品牌可以进行品牌延伸，为它的持有者提供在新领域里继续挖掘价值的机会。这就是品牌的辐射性。

品牌的辐射性分为多个品牌横向延伸和单一品牌辐射。[1]

多品牌是指公司的产品用若干个品牌实行品牌的横向延伸。这种策略有利于企业不断扩大产品线，推出新产品或新品牌，满足不同细分市场的要求，同时提升公司的实力雄厚感，而且不会因为个别品牌的失败而影响整个产品线的生产与销售。但多品牌策略往往宣传推广费用庞大，因而主要为实力雄厚的企业采用。

单一品牌就是将公司生产的若干产品都采用同一品牌，形成家庭化品牌系列。这种策略有利于树立企业形象和产品形象，如三菱公司、飞利浦公司、索尼公司、法国的一些白兰地公司和化妆品公司等。

从另外一个角度看，品牌延伸有其宽度——国际化。在品牌竞争时代，品牌在微观上体现着企业素质、产品质量及对消费者的责任心与信誉度，是体现企业价值的无形资产之一。品牌在宏观上体现着一个国家的综合经济实力和工业发展水平。随着经济全球化步伐的加快，中国加入世贸组织，品牌进入了国际竞争时代。中国企业在参与国际竞争中，必须努力提升国内品牌的国际竞争力。

1.1.2.5 品牌竞争力的层次之五：品牌创新力

要想让品牌长久且具有蓬勃的生命力，就必须不断扩展新的增长空间，通过持续不断地创新，促进产品更新换代，从而培育新的品牌增长点。即使是一个名牌，如果失去持续创新的动力，必将无可避免地变得老化陈旧，就会被消费者厌倦。因此，企业要发展，就要实施名牌创新战略，

图1-9　Chanel 香水

图1-10　Estee Lauder 护肤品

[1] 李光斗. 品牌竞争力 [M]. 北京：中国人民大学出版社，2004.

图1-11 LV包

不断提高企业的品牌力。[1]

品牌创新力可分为：战略创新、产品和技术创新、广告创新、营销创新四个方面。

（1）战略创新提升品牌竞争力。企业提升全球竞争力，首先需要产业重组，有些要放弃，有些要合并，或者做策略联盟。另外，重新定位非常重要。如IBM从创立开始以生产计算机为主，1985年微软的windows上市以后，IBM到了必须改变的时候却仍没有改变，以致IBM在1995年亏损了160亿美元，濒临破产。郭士纳上台后，进行战略调整。他将电脑销售公司变为替顾客解决问题的公司，进行重新定位。郭士纳退休时，公司盈利为80亿美元。

但郭士纳的继承者并不认为郭士纳的做法就不需要改变，而是继续进行变革，并放弃了电脑服务公司的概念，并使IBM变为公用事业公司，使得IBM像电力公司一样运营，并签了30亿美元的订单，负责德国银行的所有电脑服务。由此可见，放弃原有的东西进行改革非常关键。

（2）产品和技术创新。产品开发是市场竞争的关键，应主动挖掘消费者的潜在需求，建立产品开发销售协作同盟，生产适销对路的产品，占领动态变化市场。

图1-12 创意家居

新产品或新技术是品牌出奇制胜的法宝，它们可以向目标受众体现品牌的特征。因此，新的产品或技术可以反映出品牌是否注重顾客的利益，或可以表现出品牌是否具有创新精神，是否及时满足顾客需求。

（3）广告创新。广告是塑造品牌形象最重要的法宝，但如果广告的创意与传播枯燥陈旧，缺乏表现力，不具现代感，那么在今天消费者面对的海量广告信息中，根本就不会引起什么关注，更不可能有多少号召力。

新、奇、特、出色的广告创意总会给人以新鲜感觉。可口可乐广告源源不断地创新，赋予了品牌无限的活力。百年来，可口可乐活力无限，正如其广告语："永远的可口可乐"。

（4）营销创新。并非只有新发明、新发现才是创新，按照创新理论的发明者、美国著名经济学家熊彼得（J.A.Joseph Alois Schumpeter）教授的观点，在经济领域中只要是对旧元素的重新组合就是创新。根据创新精神，我

---

[1] 李光斗. 品牌竞争力[M]. 北京：中国人民大学出版社，2004.

们必须在营销方式上进行创新。

星巴克卖出去的咖啡绝对没有雀巢多,但一年算下来,星巴克赚的钱比雀巢要多,因为星巴克的环境比它的咖啡更值钱。在华尔街,星巴克是排名第一的增长神话,其股票上涨率在过去十年里达到了2200%,超过了沃尔玛、通用电器、可口可乐等大企业的总回报率。而与星巴克同样卖咖啡的雀巢和麦氏,其规模都比星巴克大,但没有星巴克那么快的增长,究其原因,就是星巴克是在用创新的方式销售,不仅卖给你咖啡,还卖给你优雅的环境。[1]

图1-13 佳能相机

1.1.2.6　品牌竞争力的层次之六:品牌生命力

改革开放以来,中国企业的平均寿命只有7.3年,而入选《财富》500强的跨国企业平均寿命却长达40~50年。知名品牌有超常的生命周期:一个品牌甚至比一个人、一个国家存在更长久。[2]

由于需求的变更和竞争的推动,除了少数产品外,绝大多数产品不会长久地被消费者接受。一般而言,产品都有一个生命周期,会经历从投放市场到被淘汰退出市场的整个过程,包括投入、成长、成熟和衰退四个阶段。但是品牌却不同,它有可能超越生命周期。一个品牌一旦拥有了广大的忠诚顾客,其领导地位就可以经久不变,即使其产品已历经改良和替换。

怎样保持品牌的生命力?

首先必须避免品牌生命力固化的陷阱。如果你的品牌固化为某一类产品的代名词,就不能与时俱进、永葆青春,向其他产品延伸就会有障碍,品牌竞争力就会大大减弱。因为消费者态度改变很快,你的品牌随时都有被消费者抛弃的危险。

其次,保持品牌生命力的一个重要策略就是适时进行品牌升级。品牌升级就是从整体经营拓展的需要出发,在目标市场不断升级的同时,使品牌内涵同步升级,并由此带动企业管理手段的创新和管理水平的提高,促进经济效益迅速发展。美国环球航空公司品牌升级的做法就是在1993年将每架飞机去掉5~40个座位,以给机上乘客更大的下肢活动空间。这一舒适服务的行动提高了环球航空

---

[1] 李光斗. 品牌竞争力[M]. 北京:中国人民大学出版社,2004.

[2] 同上.

图1-14 LV皮带

的新增价值,在长途班机消费者满意度方面,该公司已跃居第一位。

1.1.2.7 品牌竞争力的层次之七:品牌文化力

现代社会中的每一个人都生活在或感受着一个真实而多元的品牌世界。品牌意味着一种时尚、一种生活方式,意味着情感的回忆,是文化的象征。品牌象征一种真实而多元的生活和文化,这种文化渗入商品、产品乃至一切市场行为中,这就是品牌文化。[1]

(1) 品牌文化里的巨大市场价值

借助文化,品牌具有了独特的魅力,从中我们体验到了饮食文化、茶文化、服饰文化、汽车文化、居室文化……品牌已成为我们生活中无所不在的一种文化现象。它具有如此众多而又意义丰富、广泛的文化内涵。可见,文化力已成为品牌竞争力的重要构成因素,关注品牌的文化力量是创造品牌竞争力的关键环节之一。

当我们想喝一杯可口可乐的时候,它能带给我们的实际功能性价值与我们所付出的成本到底有多相配呢?可口可乐告诉我们:我们卖的是水,消费者买的却是文化。可口可乐以其悠久的历史和丰富的背景、独特的个性和突出的社会想象在感情层面上的历史传承、人格特征和社会文化特征维度上得到了消费者的充分认可。我们喝可口可乐时最大的感受是我们领略了其文化意义所带来的附加值。

(2) 品牌文化力的建设

品牌文化定位不能为文化而文化,必须与产品或服务属性相兼容。毕竟产品或服务是品牌最基础的载体,这同时决定了产品属性是品牌文化定位的基础。

菲利普·科特勒曾指出,品牌能使人想到某种属性是品牌的重要含义。这说明不同的品牌能使人们识别出它所标定下的产品有别于其他品牌产品的质量、特色和设计等最本质的特征。例如,奔驰轿车意味着工艺精湛、制造品质精良、安全、耐用、信誉好、附加价值高、行驶速度快等。这些属性是奔驰品牌经营者广为宣传的主要内容。正是因为奔驰轿车有如此令人称赞的属性(质量、特色和设计等),才使得奔驰汽车成为被广泛赞誉的品牌。

---

[1] 李光斗. 品牌竞争力 [M]. 北京:中国人民大学出版社,2004.

▶▶▶▶▶▶▶▶▶▶

任何一类产品都有自己的特性，如在什么样的场景下使用，产品能给消费者带来什么利益等。只有品牌文化与产品特性相匹配，产品的特点才能对品牌文化提供支持点，才能让消费者觉得自然、可接受。否则品牌文化将成为无本之木、空中楼阁，难以立足。如万宝路之所以能以牛仔所象征的豪放与粗犷作为品牌文化，是因为万宝路香烟将口味由清淡改为浓烈刺激。

所以，品牌要寻找适合自己产品属性的情感文化，同时产品理念也要有文化意识。

图 1-15　轩尼诗酒

1.1.2.8　品牌竞争力的层次之八：品牌领导力

美国市场营销专家拉里·莱特（Larry Light）指出：品牌的差别优势降低了来自替代品的巨大压力，品牌使企业获得在行业内的"领导者地位"，企业因此而能够获得顾客资源优势。

广为人知并在人们心目中留下良好印象的品牌，尤其是与日常生活息息相关的著名品牌，总是拥有大量忠实的消费者，从而稳固地占有一片市场。从一定意义上讲，越能满足消费者的需求，市场占有率就越大。当市场占有率达到 25% 以上时，该品牌的市场地位就难以撼动，给所有同类产品造成无形的压力。[1]

如何强化品牌的领导地位？

其一，是通过先发抢占市场先机，迅速壮大力量，使自己在竞争中处于主导地位，同时，通过先壮大的自身力量为后进者设置市场壁垒。

图 1-16　手表专柜设计效果图

其二，便是使品牌的边际效应最大化。就是我们通俗的说法，便是确定名分。按照国外的说法，这其实也是一种马太效应，通过抢占先机，确定行业名分，在市场上，可以轻易地获得消费者的认同。就像我们现在说起彩电，就一定会想到长虹；说到微波炉，就一定会想到格兰仕。

1.2　企业经营的品牌化

在世界经济一体化逐渐增强和知识经济迅速崛起的时代，品牌已经跨越国界，成为企业走向国际市场的金钥匙。

[1] 李光斗. 品牌竞争力[M]. 北京：中国人民大学出版社，2004.

只有过硬的品牌，才能经受各种考验，在企业百年的发展历程中持续前进；也只有过硬的品牌，才能立足于世界经济之林，在全球化的市场竞争中取得主动权。这是一条经验，也是一条规律。

1.2.1 为什么要实行企业经营品牌化

随着我国市场经济的发展，中小企业在不断增多并发展壮大，导致各中小企业之间的竞争日趋激烈，越来越多的行业进入了品牌竞争的时代，越来越多的企业认识到品牌策略的选择对企业的重要性，实行企业经营的品牌化。

所谓企业经营品牌化，是指企业管理者按照品牌经营价值链的要求，围绕创造企业品牌的基本经营目标，整合内部和外部资源展开的计划、组织、协调和控制等相关管理运作的过程。

图1-17　雅诗兰黛 logo

1.2.1.1　品牌是企业综合竞争力的体现

品牌的魅力，首先体现在它的企业综合竞争力，尤其是"名牌"，直接代表了特定产品的质量、性能和信誉综合特质。例如，"可口可乐"、"微软"、"宝马"等品牌，既是世界名牌产品，也是这些大型跨国公司实力的象征。品牌在市场竞争中还具有关联效应，凡是消费者认可的牌子，除了其主导产品之外，同一品牌的相关产品同样可以赢得消费者的信赖，就像"娃哈哈"品牌虽然主导产品是饮料，但现在其生产的童装也有很好的口碑，这表明品牌有很强的市场渗透力。

图1-18　保时捷 logo

一种百年品牌能够经受战乱、经济危机等各种人为因素与自然因素的长期考验，靠的不是单纯的一两个经营策略，或是几个经理人的个人努力，它体现的是企业整体的积极创新精神，不断完善产品品质，打破市场生命周期，开辟新市场，长期保持市场领先而稳定的地位。不仅仅这些，一些品牌之所以固若金汤，还要重视人才、重视企业文化建设，遇到危机时不回避，积极进行改革创新等等，所以说，品牌是一个企业综合竞争力的体现。

1.2.1.2　品牌具有较大的附加值

品牌一旦上升为名牌就是高品质、高文化的象征。一些品牌之所以经久不衰，首先在于其最优、最稳定、最可靠的质量。从广义来讲，这种质量不仅包括原材料质量、工艺质量、生产技术、外观及包装质量，也包括功能质量和服务质量。

图1-19　可口可乐海报

品牌还具有较高的文化附加值。一个成熟的品牌所蕴含的文化附加值包含四个方面：一、品牌反映了生产者先进的价值理念和企业精神；二、品牌蕴含着先进的科学技术；三、品牌通常能反映民族精神、民族情感、民族风俗习惯和宗教信仰；四、品牌可以体现一定的审美观和审美情趣。

品牌中文化附加值不是一种具体的使用价值，它只是满足人们精神需要的一种价值，奔驰被公认为是高档车和名誉地位的象征，这就是品牌战略所期望达到的一种崇高境界。在企业竞争日益激烈的今天，生产者更应该有意识地将品牌文化附加值运用到品牌经营中。

1.2.1.3　品牌具有巨大的经济价值

品牌是企业的无形资产，是企业靠潜心经营、精心管理、长期积累的结果。2001年，美国《商业周刊》评比出世界最值钱的品牌，其中前10名依次是（表1-1）：

表1-1

名称	品牌名称	价值（亿美元）
1	COCA-COLA 可口可乐（1891年创建）	689.5
2	Microsoft 微软（1975年创建）	650.7
3	IBM 美国商用机器（1911年创建）	650.7
4	GE 通用电器（1892年创建）	424
5	NOKIA 诺基亚（1865年创建）	350.4
6	INTEL 英特尔（1968年创建）	346.7
7	WALT DISNEY 迪斯尼（1968年创建）	325.9
8	Ford 福特（1903年创建）	306.9
9	MODONALD'S 麦当劳	252.9
10	AT&T 美国电话和电报	228.3

同样是在2001年，北京名牌资产评估有限公司参照世界最有价值的品牌评价，对我国高价值品牌也进行了一项跟踪研究，对中国最有价值的品牌也进行了排名，具体为（表1-2）：

表 1-2

名称	品牌名称	价值（亿美元）
1	红塔山	460
2	海尔	436
3	长虹	261
4	五粮液	156.67
5	TCL	144.69
6	联想	143.55
7	一汽	116.21
8	美的	101.36
9	KONKA 康佳	98.15
10	科龙	98.08

从国内外评估机构的评估结论看，品牌的等级越高，其无形资产价值也就越高。各种品牌在价值排序中也是不稳定的，这与品牌的形象投入和经营业绩等因素也是息息相关。

品牌是企业的无形资产，是企业员工高质量劳动和高智力投入的结果。这种投入包括两个方面：一是表现在生产中，投入了更多的科技成分、更复杂的劳动，即更多的社会必要劳动时间；二是表现在营销过程中，企业为了巩固、扩大市场，取得竞争主动权，投入了大量的劳动，其中包括营销策划、市场开发、公共关系、广告和服务等，这些都为品牌建设打下了基础。

1.2.2　怎样实行企业经营品牌化

早在 18 世纪末期，品牌的魅力就已经凸显出来，现代工业涌现出了许多名牌产品，并且成为当时品牌世界的主导力量。那么，怎样实行企业经营的品牌化，即品牌战略的实施。

1.2.2.1　高度重视品牌的创建

品牌是一个企业形象的直接反映，对企业形象起到"表征"作用，本质上可理解为大众对企业状态的能动反映。一些企业品牌在企业的发展历程中发挥了不可估量的重要作用，即对产品销售发挥"扩散效应"，对企业的知名度和

图 1-20　麦当劳门店

美誉度发挥"放大效应",对顾客的注意力和忠诚度发挥"磁场效应",对品牌延伸发挥"保护伞效应",对资金、人才、合作者发挥"吸纳效应",对有形资产向无形资产的转化发挥"转换效应",对企业的可持续发展发挥"拓展效应"。企业在产品未定向市场之前,品牌往往早已决定了它的盛衰兴亡,能够体现整体性、差异性、时代性和鲜明性等内在要求品牌,乃是每个企业都应孜孜以求的目标。

图 1-21　Dunhill 皮包

1.2.2.2　创品牌的过程,实质上是实现增长方式转变的过程

品牌的本质乃是一种具有"价值创造"功能的知识资本。创建品牌就是将企业的传统资本有效地转化为知识资本。知识资本具有的独特属性是:功能上的效益、增值性;性质上的可再生性;作用上的催化性;重复使用上的无磨损性;价值上的创造性;使用上的不排他性;收益上的不确定性。在创建品牌的过程中,一是要舍得将传统资本实现转化。二是对知识资本要正确运作。无论是"价值基点"、"价值焦点"的选择,"价值体系"、"价值向度"的确定,还是"机能价值"、"用途价值"和"个性价值"的体现,以及"价值链"和"价值流"的管理,都是在品牌创造过程中必须抓好的关键环节,而这些则是即将成为今后品牌管理主流的"全方位品牌管理"思想的内在要求。

1.2.2.3　创建品牌不易,维护和发展品牌更难

企业品牌是企业质量管理、创新管理和企业文化的综合体现。任何一方面的忽视都可能"砸"了自己的牌子。在我国,自己"砸"牌子的教训实在太多了。究其根本,"砸"牌子往往是经不住"蝇头小利"的诱惑。其实,维护自己的品牌就是在维护自己的"资本",只是这种资本不再是传统资本,而是更具"创造价值"的知识资本。学会爱护自己的知识资本,中国才可能创建出享誉世界的国际品牌。

1.3　CI 品牌的价值和意义

品牌理论从西方传入到我国就受到了营销界的热烈追捧。可口可乐、万宝路、奔驰、摩托罗拉、麦当劳、微软

图 1-22　Chanel

等一个个强势品牌成为多少企业心中的梦,我们开始蠢蠢欲动,欲打造自己的"世界名牌",进行品牌战略规划。

品牌战略规划的主要内容就是提炼品牌核心价值,在此基础上创建个性鲜明、联想丰富的品牌识别系统。

1.3.1　CI 品牌的内容

CI 品牌又称之为品牌识别,品牌识别是指对产品、企业、人、符号等营销传播活动具体如何体现品牌核心价值进行界定从而形成了区别竞争者的品牌联想。它包括三个方面的内容:1. 品牌精髓(soul of brand);2. 品牌核心识别(core identity of brand);3. 品牌延伸识别(extended identity of brand)。

1.3.1.1　品牌精髓

品牌精髓一般从 2～4 个方面概括品牌的内涵,提炼品牌精髓往往为品牌识别提供给了更多的着眼点。品牌精髓并不只是简单地把一堆反映核心识别的词组串为一句话和一段话,这么做除了复述一遍核心识别没有其他任何意义,相反,品牌精髓在捕捉品牌内涵的同时,还要从稍微不同的角度来诠释品牌内涵,品牌精髓是品牌核心识别各要素的黏合剂,是核心识别各要素协同工作的平衡点。

品牌精髓必须具备两个特征:与消费者共鸣和推动企业的价值取向。它是品牌所专有的,能持续不断地造成本品牌与竞争品牌的差异化;它必须不断地向企业和合作者进行灌输和激励。即使非常简单的标语,如飞利浦的"让我们做得更好"等,也会对认真思考和品味其中含义的人们有所启发。

1.3.1.2　核心识别

品牌的核心识别是对品牌精髓的具体化,具体体现一个品牌的本质,它规定了品牌持续发展和沟通的原则性信息,而且不会随着时间的流逝而改变。例如,"海尔——真诚到永远","米其林轮胎——为懂轮胎的驾驶者制造的先进轮胎"。

通过考察以下四个问题就很容易找到品牌的核心

图 1-23　奔驰

识别：品牌的灵魂是什么？品牌背后的根本信仰和价值观是什么？企业的竞争力是什么？企业的理念和文化是什么？

有时广告标语能抓住核心识别的一部分，例如，麦克斯威尔咖啡的"滴滴香浓，意犹未尽"，高露洁牙膏的"清洁牙齿，清新口气"。

1.3.1.3 延伸识别

延伸识别包括核心识别之外的所有识别要素，它使品牌识别内涵更加丰富，为核心识别增添色彩，让品牌理念更加清晰，让品牌精髓落到实处。核心识别往往过于简化，无法让品牌识别充分发挥作用。延伸识别包含了许多品牌营销计划和品牌传播细节。举例来说，"为客户带来安全感"是一家保险公司的核心认同，从这里我们不但可以知道这是家保险公司，而且还可以推出其服务对象。但是，宣传这个核心认同的策略却不止一个，例如，可以宣传公司的财力和从业历史，可以宣传防患未然的重要性，也可以宣传对人的照顾和关爱。

图1-24 米老鼠

1.3.2 CI品牌的维度和意义

关于品牌中哪些要素是能够引起人们对品牌美好印象的联想物，中外专家有不同的看法。如表1-3所示：

上述三种模式，虽然归类不同，但其中也有很多的相似之处，下面我们就大卫·艾克的四个维度进行叙述。

表1-3

大卫·艾克 (David A.Aaker)	科普菲尔 (Kapferer)	翁向东
1. 产品：产品类别、产品属性、品质/价值、用途、用户和原产地 2. 组织：组织特性、本地化还是全球化 3. 人：个性、品牌与消费者的关系 4. 符号：视觉形象/标识和品牌历史	1. 产品 2. 名称的力量 3. 品牌的特征和象征 4. 商标和识别 5. 地理性和历史性的根源 6. 广告的内容和形式	1. 产品：类型、特色、品质、用途、使用者、档次 2. 企业：领导者、理念与文化、人力资源、品质理念及其制度与行为、对消费者需求与利益的关注 3. 气质：即品牌性格 4. 地位：市场占有率、财力与资产规模、管理的先进性、技术领先性 5. 责任 6. 成长性 7. 创新能力 8. 品牌/消费者关系 9. 符号

图 1-25　香港迪士尼游乐园

图 1-26　兰博基尼专卖店

图 1-27　购物超市

1.3.2.1　产品

产品是品牌识别的主要内容，也是品牌识别的主要载体。所以，规划好产品层面的识别内容对于提升品牌资产尤为重要。

品牌的产品类别识别是指一提到某一品牌，消费者就会联想到它是什么产品。例如，当有人提到奔驰时，我们马上会想到高档轿车；提到IBM，马上会想到电脑；提到哈根达斯，我们马上会想到冰激凌。一个品牌的产品类别识别特别突出的时候，消费者一旦需要购买这类产品马上就会联想到该品牌，从产品到品牌的联想远比从品牌到产品的联想要重要得多。让消费者在提到长虹时想到电视机，远没有让消费者在需要购买电视机时就想到长虹更重要。

强势品牌的一个共同特征就是产品品质卓越。每个企业都知道质量是品牌的生命，所以，品质识别是品牌识别的基础，是品牌参与市场竞争的前提。

1.3.2.2　企业

企业是创造品牌的父母，它给了品牌最初的品性、文化、期待。任何产品都或多或少地具有一定的企业联想，即从品牌到企业的联想，这种联想也可以成为品牌识别的一部分。从企业层面来建立品牌识别，原因在于，许多行业由于产品和技术同质化严重，很难从产品的属性、使用者和用途上建立鲜明的品牌识别。产品可以是相同的，但是生产产品的企业却是可以千姿百态的，从企业层面规划品牌识别有利于提升品牌延伸的杠杆力。对于使用综合品牌战略的企业，如果该品牌的产品类别和产品属性过于突出，那么将极大地制约该品牌的延伸能力。

时常有这样的情景，消费者对品牌的核心价值、品牌的基本识别和延伸识别等并不了解，但对某些品牌仍然很认同和忠诚。例如，没有几个人知道宝洁、IBM、雀巢等品牌的识别体系，但这并不妨碍消费者选购其产品。原因是什么呢？原因在于这些企业都是其所在产品的领导企业，都是世界五百强或列为全球100个最有价值品牌行列，这些都为消费者选购上述品牌提供了巨大的担保。可见，如果企业能够在某一方面彰显自己的领导者实力，则对提升品牌识别很有利。2003年海尔进入全球家电行业第四位的消息使消费者对海尔的喜爱和认同又增加了不少。

1.3.2.3 人

品牌的拟人化，即把品牌当做一个人，可以使品牌认同更丰富，更有趣。和人一样，品牌也会有各种不同的认同和"牌格"，如真诚、值得信赖、幽默风趣、青春时尚等等。例如，海尔就给人一种真诚让人值得信赖的感觉，好像生活中一位可靠忠诚的朋友。通过品牌拟人化来塑造品牌认同有利于建立强势品牌。通过调查发现，可口可乐和百事可乐的人格特征可以分别描述如下：

可口可乐，40岁左右，已婚，乐观进取，积极向上，打扮成熟，热爱生活，关注时事新闻，喜欢跑步和网球等运动。百事可乐，20～30岁，未婚，性格外向、活泼、勇于尝试，打扮新潮、前卫，关注流行时尚，喜欢足球、舞蹈等运动。

图1-28　Gucci香水

同样是可乐，在消费者眼中的形象却各不相同，可口可乐是一个中年化品牌，而百事可乐是一个年轻化的品牌。这也就是为什么时尚前卫的年轻人越来越多的选择百事可乐的原因。下面从两个方面来阐述这一主题。

首先，品牌个性。个性原本是心理学上的概念，它指个体之间相互区别的独特特征，这些特征导致个体对环境的行为和反映的不同，而且这种不同具有一定的持续性。现在个性一词已经扩张到产品品牌，甚至到一个城市、地区、国家。杭州的妩媚，苏州的精致，拉萨的神秘，重庆的火辣，成都的休闲，简简单单的一个词就把一个城市的魅力凸显在纸上。品牌也不例外，它就像一个人，有自身的形象和内涵，具有特殊文化品格和精神气质的品牌，无疑是最具有吸引力而叫人难忘的。

此外，消费者在与品牌互动的某些时间里，他们会把品牌当做一个真人一样，尤其是当品牌附着在衣服或汽车等具有象征意义的产品上时，许多消费者会给这类产品一个昵称，如宝来轿车的驾驶者常称呼其座椅为"宝宝"。

图1-29　百达翡丽

图1-30 日本酒包装

1.3.2.4 符号

品牌符号包括名称、标志、标准色、象征物和包装等。一个成功的标志符号是品牌个性的浓缩，是品牌与竞争者形成区隔的基础。品牌符号承载了一个品牌的大部分信息。品牌标志是消费者获得关于品牌视觉形象的主要载体，它把产品特征、品质以及核心价值和理念等要素融合成符号传播给消费者和公众。品牌标志既可以由品牌名称构成，也可以是一个抽象图像，或者是二者的组合。因此，品牌标志既包括语言部分，又包括非语言部分。

2 品牌产品体验设计

品牌产品的体验设计主要包括：品牌产品的交互体验设计、产品人性化设计、产品质感设计、产品的服务型设计四个方面。本章节主要是对这四方面的剖析和探讨；全面阐述产品设计的构成、要素、方法和路径，让读者全方位的了解何谓品牌产品体验设计；归纳总结的同时提升产品设计的效力。

图 2-1　Canon 数码相机

2.1　产品交互体验设计

产品的交互设计是指设计师对产品与它的使用者之间的互动机制进行分析、预测、定义、规划、描述和探索的过程[1]，交互设计遍布在我们周围。

交互设计是新领域，定义了我们的交互产品如何工作。在驱动设备的技术和创建产品美感的视觉与工业设计技术之间，存在着能使产品有用、可用并吸引人的实践方法。

从用户角度来说，交互设计是一种如何让产品易用，有效而让人愉悦的技术。它致力于了解目标用户和他们的期望；了解用户在同产品交互时彼此的行为；了解"人"本身的心理和行为特点；同时，还包括了解各种有效的交互方式，并对它们进行增强和扩充。交互设计还涉及多个学科，以及和多领域、多背景人员的沟通。通过对产品的界面和行为进行交互设计，让产品和它的使用者之间建立一种有机关系，从而可以有效地达到使用者的目标，这就是交互设计的目的。

2.1.1　如何理解交互设计

交互设计的定义简单地说，是人工制品、环境和系统的行为，以及传达这种行为的外形元素的设计与定义。[2]

---

[1] The inmates are running the asycum: ALAN COOPER.Why High-Tech products Drive Us Crazy and How to Restore the Sanity [M]，2001.

[2] 同上．

图 2-2 ipad

不像传统的设计学科主要关注形式，当前则是关注内容和内涵，而交互设计首先旨在规划和描述事物的行为方式，然后描述传达这种行为的最有效形式。

　　交互设计借鉴了传统设计、可用性及工程学科的理论和技术。它是一个具有独特方法和实践的综合体，而不只是部分的叠加。它也是一门工程学科，具有不同于其他科学和工程学科的设计方法。交互设计首先规划和描述事物的行为方式，然后描述传达这种行为的最有效形式。交互设计是一门特别关注以下内容的学科：定义与产品的行为和使用密切相关的产品形式；预测产品的使用如何影响产品与用户的关系，以及用户对产品的理解；探索产品、人和上下文（物质、文化和历史）之间的对话。[1]

　　有很多人会问，交互设计不就是界面设计吗？尤其是在理解同软件产品的交互时。人们在界面设计方面已经有了一定的关注，然而，交互设计更加注重产品和使用者行为上的交互以及交互的过程。界面是一个静态的词，当进行界面设计的时候，我们关心的是界面本身，界面的组件、布局、风格，看它们是否能支撑有效的交互。但是，交互行为是界面约束的源头，当产品的交互行为清清楚楚地定义出来时，对界面的要求也就更加清楚了。界面上（如果存在可视界面的话）的组件是为交互行为服务的，它可以更美，更抽象，更艺术化，但不可以为了任何理由破坏产品的交互行为。从广义上来说，也可以认为界面设计包含交互设计。在这样的情况下，它同时还包含另外的部分。例如外观设计或平面设计，这些都是可以单独进行研究的更细的分支。

　　以体验与挑战为主题，"体验"体现了交互设计的主要目的，强调面向最终用户的、具有双向信息交流的交互式产品设计；"挑战"表明了时代发展对工业设计师提出了更高的要求，理解和掌握交互设计的基本原则和方法才能设计出有用、好用和想用的产品。

　　例如：交互式动态景观灯就是交互设计的一个很棒的应用。设计者在这些景观灯里装置了感应系统，使得这些灯柱能根据道路上车流密度的变化而变换灯光效果。类似音乐播放器里跳动的频谱，这些灯柱在感应到车流密度变

---

[1] The inmates are running the asycum: ALAN COOPER.Why High-Tech products Drive Us Crazy and How to Restore the Sanity [M]，2001.

大的时候就会变得更亮,并且跳跃显示,当车流较少的时候,则比较缓和。

2.1.2 交互设计的四要素

交互设计积累的经验,可以帮助用户高效地完成产品所设想的任务,同时在这个过程中,能让用户感觉到愉悦和不受打扰。但是,到底如何才能高效地完成产品所设想的任务?如何才能让用户感觉到愉悦和不受打扰?如何去衡量和评判?却不好界定。把这两者相结合,可得到一个更具体的关于交互设计的定义:所谓交互设计,就是通过分析用户心理模型、设计任务流程、运用交互知识,把业务逻辑以用户能理解的方式表达给用户,最终实现产品战略(公司需求和用户需求的最佳平衡点)的过程。

图2-3 水杯

(1)业务逻辑是考虑一切问题的关键点。要想做出好的设计,不管在任何一个层面上都不能忽略业务逻辑。

(2)在业务逻辑正确的基础上:只要任务流程设计正确,一般来说产品就是可用的;忽视了任务流程的设计(尤其是大型产品),产品将是不可用的。

(3)分析心理模型对于理解业务逻辑、优化任务流程、提升用户体验都有重要的作用。

(4)熟悉交互规范可以避免在框架层出现错误。

业务逻辑、任务流程、心理模型、交互规范作为交互设计的四要素,在设计的不同阶段中都起着重要作用。这就意味着作为交互设计师,只懂交互知识对于做好一个产品的设计是远远不够的。交互设计,就是通过分析用户心理模型、设计任务流程、运用交互知识,把业务逻辑以用户能理解的方式表达给用户,最终实现产品战略(公司需求和用户需求的最佳平衡点)的过程。可以通过交互设计的四要素快速找出设计中的问题所在。

图2-4 Swarovski包

2.1.3 交互体验设计现状

产品交互体验设计,更多的是一种以人为中心的设计理念,让高科技产品回归人性。产品设计是一个非常具有创造性的活动,对人的天分要求比较高。交互设计的核心

图 2-5 双立人厨具

要素，精确描述了用户以及用户希望达到的目标，定义几个典型角色，并用故事的形式表达出来。交互设计的目标是行动的驱动力，产品的功能和行为必须通过任务来解决目标。产品成功的关键是目标，而不是特性。成功的交互设计师应该对目标高度敏感。用户目标：生活目标、体验目标、最终目标。

交互设计原则，对于市场而言，功能可视性越好，越方便用户发现和了解，使用越佳。可以反馈与活动相关的信息，以便用户能够继续下一步操作。限制：在特定时刻显示用户操作，以防误操作。映射：准确表达控制及其效果之间的关系。一致性：保证同一系统的同一功能的表现及操作一致。启发性：充分准确的操作提示。交互设计准则，设计方案属性：1.伦理的（能体谅人，有帮助），不伤害、改善人的状况。2.有意图的，能帮助用户实现他们的目标和渴望。3.注重实效，帮助委托的组织实现它们的目标。4.优雅的，最简单的完整方案、拥有内部的一致性、合适的容纳和情感。

例如，网络用户体验，一种纯主观的在用户访问一个网站或使用一个产品（服务）的过程中建立起来的心理感受。他们的印象和感觉，是否成功，是否享受，是否还想再来使用。他们能够忍受的问题，疑惑和BUG的程度。[1]因为它是纯主观的，就带有一定的不确定因素。个体差异也决定了每个用户的真实体验是无法通过其他途径来完全模拟或再现的。

适当地用一些图片及Flash，可以增加网站的活力，增加视觉冲击力。但无限制地使用Flash及图片，会造成页面文件超大，占用浏览者的CPU资源，并且不利于页面更新及搜索引擎对网站的抓取。企业营销在服务企业客户时也会遇到纯Flash的整站首页网站，建议网站建设过程中要考虑视觉效果的同时，把优化的因素重视起来。

图 2-6 吊灯

2.1.4 产品交互设计对设计师的要求

秉承以用户为中心的设计理念，应用"以目标为导向的设计"方法，进行产品的设计。这是关于交互设计师的

---

[1] 赵珑. 网络经济下用户体验研究 [J]. 商场现代化, 2006, 20：20-21.

>>>>>>>>>>

一个基本定义。

　　交互设计师首先需要认同"以用户为中心"的设计理念。了解产品行为设计和界面设计。深入理解产品的目标、功能需求。将这些目标、需求转化为界面表现，把内容合理地归类整理为若干的界面。

　　交互设计师的特点。交互设计师要善于表达，以网页语言表达产品告诉用户的信息，显示给用户的操作功能。所以，凡是涉及表达、传达的问题，都可以找交互设计师来做，也应该由交互设计师来做。产品经理考虑要做个什么产品才有价值，交互设计师考虑怎么把这个想法最有效地转化成一系列的界面展现给用户。除了展现，还有和用户的交互。这个展现、交互的过程就需要一定的表达能力。

　　根据时间和项目的不同，交互设计师的日常工作包括客户访谈、现场研究、头脑风暴、撰写文档、制作原型以及产品测试，具体工作取决于项目进程。交互设计师受聘同创意打交道——使抽象的想法付诸现实，可以通过头脑风暴，想象前所未有的事物，然后建造出来；还可以塑造行为，使世界变得更加有趣美好。

　　作为一个交互设计师，必须要对用户体验方面的理论有较深的理解和认识，有一定视觉设计相关岗位的技术和技能，熟悉 UI 设计的基本规范，具有良好的创意设计能力和良好的客户服务意识。

图 2-7　Coach 包

2.2　产品人性化设计

　　人性化是一种理念，具体体现在美观的同时能根据消费者的生活习惯、操作习惯方便消费者，既能满足消费者的功能诉求，又能满足消费者的心理需求。人性化是指让技术和人的关系协调，即让技术的发展围绕人的需求来展开。企业只有了解了人性中这些自然属性和社会属性，才能对错综复杂的人际关系和职工的行为、动机进行有效的引导和管理，才能根据企业不同的发展阶段提出更高的、更能发挥全员潜能的管理目标。

图2-8 双立人刀具（一）

图2-9 飞利浦剃须刀（一）

图2-10 华硕电脑

---

[1] 张珂. 批判人性化设计 [J]. 大众文艺, 2010, 2; 127.
[2] 初涛、路安华、王咏. 城市规划中的人性化设计 [J]. 城市规划年会, 2009; 4061.

及至当今，社会发展向后工业社会、信息社会过渡，重视"以人为本"，为人服务。人体工程学强调从人自身出发，在以人为主体的前提下研究人们衣、食、住、行以及一切生活、生产活动中综合分析的新思路。

人性化设计很大程度上和可用性设计紧密联系在一起，或者说人性化设计就是可用性设计的一个思路和原则。究竟什么是人性化设计呢？专家指出：人性化是指设计师在设计产品时力求从人体工程学、生态学和美学等角度达到完美，从而真正实现科技以人为本的目的。[1]

2.2.1 什么是人性化设计

人性化设计，是指在设计过程当中，根据人的行为习惯、人体的生理结构、人的心理情况、人的思维方式等，对人们衣、食、住、行以及一切生活、生产活动的综合分析。它是设计中的人文关怀，是对人性的尊重；是科学和艺术、技术与人性的结合，科学技术给设计以坚实的结构和良好的功能，而艺术和人性使设计富于美感，充满情趣和活力。人性化设计最核心的理念是"以人为本"。

人性化设计的前身是人体工程学的出现和发展。人体工程学起源于欧美，原先是在工业社会中，开始大量生产和使用机械设施的情况下，探求人与机械之间的协调关系，作为独立学科有40多年的历史。第二次世界大战中的军事科学技术，开始将人体工程学的原理和方法运用在坦克、飞机的内舱设计中，使人在舱内有效地操作和战斗，并尽可能使人长时间地在小空间内减少疲劳，即处理好：人——机——环境的协调关系。及至第二次世界大战后，各国把人体工程学的实践和研究成果，迅速有效地运用到空间技术、工业生产、建筑及室内设计中去。1960年创建了国际人体工程学协会。[2]

人性化设计也是人性化服务，具体的来说就以人为本，为消费者全心全意提供优质的服务，给消费者以人文关怀，从而有效地提高消费者的服务满意度，进而增加企业的客户满意度，最终达到提高企业效益的目的。

2.2.2　人性化设计在设计中的应用实例

人性化设计例子：杯子的口沿部分微微向外，方便与嘴唇接触，使人喝水更方便；杯底有一个小凹槽，洗完杯子后用来沥水；灯泡都是暖色，不伤眼睛，保护视力；灯罩和灯座有分开卖的，有任意组合；灯可以根据不同的需要和习惯调节高度；床上餐桌上专门有放置杯子和碗的隔间，防止桌子倾斜导致食品或水洒出；儿童用品凡是有拉链的都没有拉扣，防止儿童误吞或划伤。这些都是人性化的例子。

图2-11　耐克运动鞋

科技产品给人带来的通常都是死板、生硬和缺乏人性关怀，这是所有电子产品的通病，笔记本电脑也不无例外。不过经过十几年的发展，笔记本厂商也领悟到了"科技以人为本"这句话的真谛，试图希望在某种程度上削弱科技产品带来的冰冷形象。作为一台优秀的笔记本电脑，不但要拥有出众的外形和强劲的性能，人性化功能也是其中不可缺少的一部分，起到了画龙点睛的作用。而且人性化功能很多时候正是品牌特色的组成部分，它们也许并不是复杂的设计，也许只是一个简单得不能再简单的创意，但却是这个品牌的一个亮点，给人留下深刻的印象。

图2-12　Canon 喷墨打印机（一）

以索尼VAIO P "酷袋" 系列笔记本电脑为例（图2-14），随着笔记本电脑日益普及，消费者在购买笔记本电脑时也开始从最初单纯追求最优性价比慢慢融入对于产品的人性化设计上的考虑。按照一个资深笔记本电脑研发工程人员的说法可以概括为：轻薄、便携、舒适、易用、健康。

索尼VAIO P "酷袋" 系列笔记本的推出，完全颠覆了我们对于笔记本产品的认识。索尼依托强大的设计研发能力以及其极强的时尚表现力，将 "酷袋" 时尚演绎得淋漓尽致，充满着索尼韵味的VAIO P系列产品不仅仅深受不少年轻朋友的喜欢，对于整个领域来说引领了超便携笔记本的另一个发展趋势。

新一代 "酷袋" P11系列笔记本并没有做特别明显的改变，而是延续了上一代P系列产品的设计，但在配色上

图2-13　HHSN 水龙头

图 2-14 索尼 VAIO P "酷袋" 系列笔记本

图 2-15 创意沙发（一）

选用了更为张扬且富有活力的色彩（图 2-16）。值得一提的是新一代索尼 VAIO "酷袋" P11 系列加入了方向感应、3G 等功能，让应用变得随心所欲，彰显其年轻活力、自由时尚的理念。此外，索尼为了这款新一代 "酷袋" 笔记本搭配了丰富时尚的配件产品，可更换硅胶外壳、皮带拉手、Pittari 鼠标等，演绎多种色彩体验方案，可随心替换，从而增添更多乐趣。

人性化的设计可以说是一个厂商实力的体现，也是名牌产品与二线厂商最大的区别之处。人性化设计往往是一些小创意或一个小软件，但会给用户带来极大的方便。可以预见，人性化设计是未来设计的必然趋势和最终归宿。笔记本如今已成为许多人生活的一部分，其人性化设计的意义尤显重要。因此，笔者大胆地预测，未来的笔记本市场的竞争，将很大程度取决于笔记本如何为用户营造愉悦健康的体验。

图 2-16 索尼新一代"酷袋"P11 系列笔记本

2.2.3 目标导向设计

如果我们设计的产品符合人性化原理，能够让用户达到目标，他们就会感到满意、有效率，并且高兴；还会乐于购买这一产品，并且推荐给他人。如果能够以较为合算的成本实现上述目标，就能取得商业上的成功。不友好的导航最影响用户操作，不能让用户很方便地找到自己想找的内容。

表面上，这个前提一目了然。只要用户满意，产品就会成功。可是，为什么仍有那么多的数字产品难于使用并且令人不快呢？为什么不能皆大欢喜？

数字产品需要更好的设计方法。目前，多数数字产品的开发过程就像怪物从咕咚冒泡的容器中诞生一样。开发人员没有从购买者与用户的需求出发进行规划与开发，最终创造出以技术为主导的产品很难控制与使用。和科学怪人一样，他们之所以失败，是因为没有在作品中注入人性关怀。

图 2-17 键盘

图 2-18 双立人刀具(二)

设计是"为赋予有意义的秩序,做出有意识或直觉的努力"。我们建议把它定义为一种更加具体,以人为导向的设计活动。

(1)理解用户的期望、需要、动机和使用情境。

(2)理解商业、技术,以及业内的机会、需求和制约。

(3)基于上述理解,创造出形式、内容、行为有用,易用,令人满意,并具有技术可行性和商业利益的产品。

这个定义适用于许多设计领域,尽管对于形式、内容与行为的确切关注点,可能因设计对象有所不同。资讯网站可能格外关注内容,座椅的设计则首先考虑形式。而绪论所探讨的交互数字产品比较特殊,其设计充满了复杂的行为。

运用恰当的方法,设计可以弥合人类与科技产品之间的缺口。但是目前,多数数字产品的设计流程远不像宣传的那样合理。

2.3 产品质感设计

随着当今设计领域的不断发展,越来越多的设计师开始关注于质感给产品带来的消费促进。当然,更多的消费者在满足于产品设计外形的同时,更多地开始趋向于追求人性化的质感享受。

产品的质感设计开始引领更多形式的出现,而不仅仅只是外形上的感官设计。设计师通过对材料的运用、设计,制造出了满足现代生活需要的产品。掌握材料的特性及其应用与成型工艺,是设计师成功设计的基础。

设计师通过设计体现的是设计理念和知识存储量及思想认识。设计师通过给产品添加让消费者认同的特殊含义可以促进消费。

2.3.1 什么是质感设计

质感是指物品的材质、质量所表现的物体的真实感带给人的感觉。在造型艺术中则把对不同物象用不同技巧所表现把握的真实感称为质感。

图 2-19 飞利浦剃须刀(二)

>>>>>>>>>>

不同的物质其表面的自然特质称天然质感，如空气、水、岩石、竹、木等；而经过人工处理的表现感觉则称人工质感，如砖、陶瓷、玻璃、布匹、塑胶等。不同的质感给人以软硬、虚实、滑涩、韧脆、透明与浑浊等多种感觉。中国画以笔墨技巧，如人物画的十八描法、山水画的各种皴法为表现物象质感的非常有效的手段。而油画则因其画种的不同，表现质感的方法亦很相异，以或薄或厚的笔触、画刀刮磨等具体技巧表现光影、色泽、肌理、质地等质感因素，追求逼真的效果。而雕塑则重视材料的自然特性，如硬度、色泽、构造，并通过凿、刻、塑、磨等手段处理加工，从而在纯粹材料的自然质感的美感和人工质感的审美美感之间建立一个媒介。

图 2-20　鼠标（一）

材料的质感是指材料给人的感觉和印象，是人对材料刺激的主观感受，是人的感觉系统因生理刺激对材料作出的反映或由人的知觉系统从材料的表面特征得出的信息，是人们通过感觉器官对材料作出的综合印象。质感设计的形式美法则是美学中的一个重要概念，是从美的形式发展而来的，具有独立的审美价值。广义讲，形式美就是生活和自然中各种形式因素（几何要素、色彩、材质、光泽、形态等）的有规律组合。形式美法则是人们长期实践经验的积累，整体造型完美统一是造型美形式法则具体运用中的尺度和归宿。

2.3.1.1　调和与对比法则

调和与对比法则是指材质整体与局部、局部与局部之间的配比关系。调和法则就是使产品的表面质感统一和谐，其特点是在差异中趋向于"同"，趋向于"一致"，强调质感的统一，使人感到融合、协调。但是，如果各部件的材料以及其他视觉元素（形态、大小、色彩、肌理、位置、数量等）完全一致，则会显得呆板、平淡而失去生动性。因此在材料相同的基础上应寻求一定的变化，采用相近的工艺方法，产生不同的表面特征，形成既具有和谐统一的感觉，又有微妙的变化，使设计更具美感。对比法则就是使产品各个部位的表面质感有对比的变化，形成材质的对比、工艺的对比，其特点是在差

图 2-21　Armani 香水

图2-22 真空吸尘器

异中趋向于"对立"、"变化"。

质感的对比虽然不会改变产品的形态，但由于丰富了产品的外观效果，具有较强的感染力，使人感到鲜明、生动、醒目、振奋、活跃，从而产生丰富的心理感受。

2.3.1.2 主从法则

主从法则实际上就是强调在产品的质感设计上要有重点，是指产品各部件质感在组合时要突出中心，主从分明，不能无所侧重。心理学实验证明，人的视觉在一段时间内只可能抓住一个重点，而不可能同时注意几个重点，这就是所谓的"注意力中心化"。

质感设计的综合运用原则在众多的材料中，如何选用材料的组合形式，发挥材料在产品设计中的能动作用，是产品设计中的一个关键。虽然不同材料的综合运用可丰富人们的视觉和触觉感受，但一个成功的产品设计并不在于多种材料的堆积，而是在体察材料内在构造和美的基础上，精于选用恰当得体的材料，贵于材料的合理配置与质感的和谐应用。表现产品的材质美并不在于用材的高级与否，而在于合理并且艺术性、创造性地使用材料。所谓合理地使用材料，是根据材料的性质、产品的使用功能和设计要求正确地、经济地选用合适的材料；艺术性地使用材料是指追求不同色彩、肌理、质地材料的和谐与对比，充分显露材料的材质美，借助于材料本身的质地来增加产品的艺术造型效果；创造性地使用材料则是要求产品的设计者能够突破材料运用的陈规，大胆使用新材料和新工艺，同时能对传统的材料赋予新的运用形式，创造新的艺术效果。

2.3.2 产品质感设计的作用

质感设计在产品造型设计中具有重要的地位和作用，良好的质感设计可以决定和提升产品的真实性和价值性，使人充分体会产品的整体美学效果。

在产品设计中，良好的触觉质感设计，可以提高产品的适用性，如各种工具的手柄表面有凹凸细纹或覆盖橡胶材料，具有明显的触觉刺激，易于操作使用，有良

图2-23 创意手提袋

好的适用性；良好的视觉质感设计，可以提高工业产品整体的装饰性，如材料的色彩配置、肌理配置、光泽配置，都是视觉质感的设计，带有强烈的材质美感；良好的人为质感设计可以替代或弥补自然质感的不足，可以节约大量珍贵的自然材料，达到工业产品整体设计的多样性和经济性。例如，塑料镀膜纸能替代金属及玻璃镜；塑料装饰面板可以替代高级木材、纺织品等，这些材料的人为质感具有普及性、经济性，满足了工业造型设计的需要；大胆地选用各种新材料，充分挖掘材料的表达潜力，并运用一些反常规的手段加工处理材料，出人意料地把差异很大的材料组合在一起，往往能创造出令人惊喜的、全新的产品风格。

图 2-24　法拉利跑车

质感设计是工业产品造型设计中一个重要的方面，它充分发挥了材料在产品设计中的能动作用，是一个合理选择材料、创造性地组合各种材料的过程，是对工业产品造型设计的技术性和艺术性的先期规划，是一个合乎设计规范的"认材——选材——配材——理材——用材"的有机过程，是"造物"与"创新"的过程。

2.3.3　产品设计中的商品质感

我们一般说的质感大可以分为两种，天然物质和人造物质。天然材质有棉、麻、陶、石头、金属、大理石、木、皮草等。人造物质有塑料、不锈钢、涤纶、丝绢、瓷器等。

图 2-25　水龙头（一）

在对产品进行设计时，首先要从产品的属性特点出发。比如手机外观设计，为了让用户方便携带，材质应该更轻薄。

这里以 iPhone 为例，iPhone 可能做到如斯之薄，其中一个制胜的点是 iPhone 将手机的天线跟边框整合在一起，侧边的不锈钢框架天线分为两段，充任两个天线。这一设计十分之妙。除此之外，iPhone 4 的按键也是全新设计。前后面板采取了特别的钢化玻璃，是塑料硬度的 30 倍，十分耐划。所以 iPhone 引领了手机行业质感的又一创新。

在设计过程中还要考虑冷暖季节性因素，比如最简单

图 2-26　松下电视机

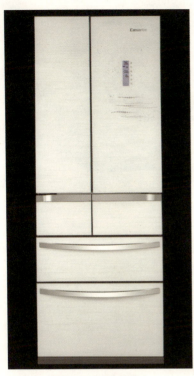

图2-27 电冰箱

的坐垫设计。根据季节的不同，消费者的需求也不同，冬天着重保暖，夏天侧重清凉。前者质感设计肯定以棉、涤纶为材质元素，后者则以麻、竹席为材质元素。

产品设计主要任务之一就是要体现出产品的高品质感，一方面来自于设计师对造型美感形式规律的了解程度，另一方面来自于对特定消费群的心理状态和社会性质的把握程度，再就是来自于产品的生产工艺的把握程度，唯有三方面的综合了解和掌握才能体现高品质感。

2.4 产品服务性设计

产品的服务性设计，是以消费者的潜在需求为依据，设计产品的功能，经过功能的成本核算后，由专业人员进行产品设计、企业安排生产、通过定价分析，开展针对性的营销，使企业跳出产品同质化陷阱。功能设计实质上是市场细分理论的深化，市场细分方法有好多种，但归根结底都是以功能细分。

2.4.1 产品服务性设计的内涵

任何一个设计都必须具有一定的服务性功能，它是围绕人的需要而展开的。简单地说，产品设计的服务性设计就是指功能性设计，是所发挥的有利于人的作用和效能。虽然设计的种类较多，内容繁复，但总体看来，设计的功能主要包括实用功能、认知功能、审美功能三种。当然,不同种类的设计其功能属性的侧重点各有不同。相对而言，产品设计和环境设计侧重于对实用功能和审美功能的追求。

今天的商战已演变为消费心理战。你的产品功能性越好，越具有企业品牌化，也就更会赢得消费者的购买欲。战场的胜利者总是那些最早破译顾客购买行为动机的企业。在功能细分后的市场，往往能出现具有绝对优势的新领导品牌。功能设计师就是帮助企业成为名牌的指路人。

任何一个产品都必须要有实用功能，试想一个没

图2-28 化妆盒

>>>>>>>>>>

有任何用处的东西是没有消费群体和市场价值的。设计的实用功能是指通过设计物与人之间的物质和能量的交换，使设计物能直接满足人的某种物质需要的功能。一方面，它体现在设计物自身的物质属性所传达的"用途"意义；另一方面，作为与人"交换"和"满足"的媒介，实用功能还表现在由物质属性共同组合成的整体结构作为一个系统所发挥的功能。物质属性是指设计物本身的物理和化学性能。由结构、材料和工艺技术等要素组成的特殊"物"的品质，在形成过程中，以最合目的性的"用途"为原则。例如做一只杯子的材料是多种多样的，相适应的工艺技术也是各具所长，构成杯子的结构状态更是丰富。要从这繁多的种类中，选择适宜的材料、完善的技术、可靠的结构，所遵循的首要原则就是杯子的实用性，不同的用途直接决定了杯子可能存在的物质属性，使其区别于别的"杯子"而构成自己独特的品质特征。

图2-29　惠而浦洗衣机

产品的服务性设计，物质需求的满足却不能取代人类丰富的精神需要，因此实用功能作为功能要素的基本内容，是认知功能和审美功能产生的基础。

产品设计的认知功能是通过设计物的外在形式所实现的一种精神功能。通过视觉、触觉、听觉等感觉器官接受来自设计物的各种信息刺激，形成整体知觉，从而在人的头脑中形成相应的概念或意向。产品的认知功能首先体现在它的指示功能方面。特殊的造型、色彩和标志，显示了它的功能特性和使用形式。外在的内容形式直接影响人们对物的认识定向，影响人在使用过程中的行为观念和心理趋向。

产品的服务性功能，要通过外在的形式来引发人对"物"的知觉和概念的形成。以信息传达为最终目的，因此，对于信息的处理方式和外在形态的表现有重要意义。作为功能设计向审美功能的过渡形态，功能设计的构成只有能唤起人的审美感受，才算是成功的设计。

产品虽然是设计师创造的，但是他又属于全人类的财富。产品的设计可以超越民族，超越区域，超越国家。产

图2-30　佳能相机

图 2-31　Perrier 矿泉水

品的功能就在于超越人类生存的现状。人类为了更好地生存，所以对生存现状一直不满，这种不满情绪通过设计话语得到充分展示。

功能与美虽然是两个不同价值领域，但是在产品设计中，两者是融合在一起的，这体现在三个方面：在必备的功能条件下，力争最大程度上的外观完美；符合国家相关法规（环保、安全、标准化和知识产权等方面）；最大可能地降低成本。

2.4.2　可持续发展设计中的产品服务系统设计

新设计变革逐渐表现为由有形设计转向无形设计；实物产品转向虚拟产品；物的设计转向非物的设计；产品的设计转向服务的设计。在工业设计背景下，非物质的核心内容就是服务。现代产品设计中，人们不断寻找更科学、更系统的新途径来达到可持续发展，而产品服务系统就是其中一种。

产品是一种用于销售的有形商品。服务是一种提供时间、空间、方式或心理效应的经济活动，或者说是为满足别人需求而实施的行为，且通常在商业基础上实施，具有经济价值。服务的方式可以是一种劳动，一种行为，一种展示，服务是无形的，无法被拥有，只能被体验、创造和参与。

产品设计要素主要包括三个方面：功能、造型形象、物质技术基础。就功能而言，其又包括两个方面：其一，物质功能；其二，精神功能。物质功能又包括技术功能和使用功能两个方面；精神功能包括审美功能与象征功能两个方面。就物质技术基础而言，具体的是指材料、工艺、技术等各方面的制作程序中的基础事项。

工业设计突出的是设计的科学性，而产品设计是与包装工程有关，要能够表现出该产品的外形、用途，要有很强的表现力，而对科学性的要求不是很严。因此，从某种意义上讲工业设计和产品设计的区别就在于其目的和侧重点不同。我觉得产品设计的核心是功能，没有功能就没有一切做下去的必要。

图 2-32　耐克鞋

2.4.3 从市场价值角度看待服务型设计

在产品设计过程中，要考虑中档消费品应是各消费群体都能接受的，针对中档消费群体进行开发的商品是最有市场潜力的商品。设计师在进行产品开发时不能只考虑形态的独特，功能的先进，更多的应是考虑到市场因素。得不到市场的认可，即使从美学角度、人机工程学角度、结构上来看它是多么完美，它都是失败的。阳春白雪的东西固然给人以美的享受，大家也都承认它的好处，无奈曲高和寡，少人问津，最终不免受不了高处的清寒，而从市场上销声匿迹。下里巴人的东西虽然便宜实用，但现在经济高速发展，人人都向往美好生活，更多的人还是希望在经济能够承受的条件下用好一点的东西，于是，结合了两者优势的中档商品必然是绝大多数人的共同选择。再从商家的角度来看，高档商品固然利丰，但是出货量太小；低档商品虽然出货量大，但利薄；唯有中档商品出货量又大，利润也不太低。

图 2-33　创意沙发（二）

中，就是不要绝对化。没有包打天下的商品，既定的商品要针对既定的市场，脱离了一定的环境，它就不成为合适的商品了。同一种商品在不同的市场环境下，也需要改头换面，重新制定市场策略，才有可能获得成功。所以，合适的市场策略往往能决定产品的成败。如果设计师对市场缺乏必要的研究，草率地进行产品定位，那么最终的结果是可想而知的。

同样，在具体的产品开发过程中，设计师的提案是最终产品形成的前提。方案太超前了不行，人们难以接受；方案太落后了也不行，不能引起人们的注意；只有既符合当前的流行风格，又稍稍超前一点，才会被认为是好的方案。

产品开发人员必须具备敏锐的眼光，能洞悉到产品与产品、市场与市场中间存在的空隙与潜在市场。如两种产品都有优势，但都存在明显的缺点，那么把它们的优势相结合进而开发一种全新的商品，这样的例子举不胜举。事实上，这就是开发多功能产品的基本方法。

图 2-34　水龙头（二）

图2-35　Hyundal音箱

中道不偏不倚,不走极端,减少了市场开发的风险。在企业的市场战略中,有开拓型与跟风型,开拓型有利于抢占市场份额,而据调查表明,跟风型市场战略往往能取得最大的经济效益。

设计是一种中间媒介,它必须在各要素之间找到一个落脚点,使相关要素达成一种平衡。它既是生产与消费间的桥梁,又是决策与制造间的纽带。它是广大消费者的代言人,又是产品开发的排头兵。它既要使客户满意,又要使消费者满意。它既要接受别人的意见,又不能放弃自己的原则。它既要对社会和自然界负责,又要对企业和市场负责。设计能帮助别人创造经济效益,为别人创造经济效益的人,自己也因此获得了经济效益。设计能帮别人成功,帮别人成功的人,自己也因此而成功。

平常,是生财大道。它既是经济的增长点,也是设计的出发点。穿衣、吃饭、行路、睡觉、洗澡,这些是人人最平常的需要,是天天的需要,所以它才应当是设计真正的关注点。设计的核心本来就应该是人,所有的设计其实都是围绕着人的行为展开的。以人为核心进行外延,有什么样的需求,就会产生什么样的设计。追溯人类最初的设计——生存设计,正是针对人们最普通最基本的需要展开的。几千年来人们不断地改善和提高着自己的生活,昨天的希望和憧憬在今天趋于平淡,今天的理想在明天又会成为平常生活。如何把人们的日常生活变得更加美好,这是设计师的责任。伴随着人类的发展,过去的许多不起眼的平常小事现在已经变成了越来越严重的社会问题和环境问题,例如,森林减少、水资源污染与短缺、高科技垃圾、城市中的光污染……任何事情总会带来两方面的效应,因而需要我们在设计的过程中小心谨慎,思虑周全,充分考虑到各方面的因素,尽量将负面影响降到最小。

设计要面向生活,面向普通百姓的日常生活,针对那些最不起眼的日常小事的设计其实才最有价值、最具市场潜力。设计作为一种媒介,渗透于我们日常生活中的方方面面。万事留心皆学问,在我们的生活中,其实有很多东西都是非常不合理、需要改进的,但人们由于习惯而忽略

图2-36　三星显示器

了，继续每天忍受着那些拙劣的、缺乏适当设计的物品的折磨。设计师应当要具有社会责任感，不要让那些粗制滥造、毫无使用科学性的东西出自自己的手。不仅如此，设计师还要保持一种平和的心态，不要仅局限在自己的小圈子里，要深入生活进行调查。设计源于生活，并服务于生活，只有取得了充分的市场信息，才能有针对性地设计。

设计要在技术、文化、审美等多种因素间达成一种平衡。设计的发展与一定历史时期的技术水平是密切相关的，技术条件决定了设计最终产物的形态。所以，如果技术水平没有发生根本性的变化，没有新材料、新工艺的支持，产品的形态也不可能发生根本性的变革。反之，当技术发生实质性飞跃时，产品形态的可能性范围就变得更加宽泛了。在此时，文化、艺术的影响在产品形态的变化上将起到很大的作用。中庸思想在技术产生革命性变化后，不仅不会阻碍设计的发展，反而在旧有形态和新形态之间起了一个缓冲作用，使得形态上的变化不至于那么突然，而使广大受众在心理上能有个逐渐适应的过程。在建筑上从木结构到石结构到钢筋混凝土结构的建筑形态的演化上；在产品上从木材、钢铁到塑料时代到集成芯片大量使用的产品形态的演进上无不体现了中庸的观念。

工业设计是把科研技术成果转化为符合人们需要的物品，是从产品——商品——用品形成的桥梁和纽带，是使产品、商品、用品、废品系统相互转化的有效方法，是解决人——产品——社会——环境等问题的学科，因此，工业设计在本质上是"人为事物的科学"。科学技术的发展突飞猛进，一方面给人们生活带来了实惠，但另一方面却因技术和行为的过激也给人们以及生活的空间、环境带来了灾难。我们要寻求合理的发展模式，要借助传统的思想去解决当今的难点，就设计的功能性而言，要对相关的数学、物理学、材料学、机械学、工程学、电子学、经济学进行理论研究；就设计的审美性而言，要对相关的色彩学、构成学、心理学、美学、民俗学、传播学、伦理学等进行研究。学科自身的特点决定了它不是孤立

图2-37 飞利浦剃须刀（三）

图2-38 鼠标（二）

图 2-39 Canon 喷墨打印机（二）

的，而是与其他许多学科发生着千丝万缕的联系，你中有我，我中有你，彼此之间相互渗透，在本质上它其实也是一门中庸的学科。

  知识经济时代的消费将呈现多样化、个性化，因而制造业将呈现柔性、全球化、分式化、智能化的特点，设计定位方向则是前提。不管时代怎样变，生产条件及人们的生活方式怎样变化，我们民族中庸的民族性格是不会变的。针对中国人的文化特性，既不太超前，也不太守旧，既针对特定消费群体，又能满足广大消费者的中庸设计无疑是受欢迎的。

3　品牌识别传播设计

品牌的影响力与号召力一直占据着商品流通的核心地位，在经济全球化的今天，产品过剩、媒体多元化和广告轰炸已经成为这个时代的代名词。当消费者选择的空间不断扩大化，如何使产品经营做大，资本经营热已经主导整个市场的销售，品牌的识别自然而然地起到了决定性作用。

BIS（Brand Identity System）品牌识别系统，是以顾客的价值为核心的品牌战略经营工程。透过统一的品牌理念、视觉形象和行为体验识别，通过品牌整体运营和整合传播沟通系统，将品牌的经营理念、文化内涵和经营活动等信息一致性的传递出去，以凸显品牌的个性和精神。通过与顾客和公众建立双向互动的沟通，从而使他们对品牌产生认同和价值共识的一种战略性活动。

与 CIS（Corporate Identity system）即企业识别系统相类似的是 BIS 的基本要素，也包括理念识别 MI、行为识别 BI 和视觉识别 VI。MI 是品牌的理念、意识、精神内涵，是一切品牌识别系统构建活动的理念指导，是品牌的行为和活动，品牌经营所应遵循的行为准则。VI 是品牌的形象特征风格，是从视觉角度来构建的外在形象。与 CIS 不同的是，基本要素 MI、BI、VI 产生的源头是顾客价值，所有识别的产生都基于对顾客价值的分析和关注，而不是从企业内部的需求产生，顾客的价值所在才是品牌的价值所在。源于对顾客价值的关注而产生的基本要素是构建 BIS 的基础。它主要面向经营体，经过转化应用形成顾客对品牌的认知识别。

VI 视觉识别系统是品牌识别传达的重要内容。对企业而言，明确的图形表现，规范的外观表现将对品牌文化的表达和品牌的清晰定义产生积极的意义。然而，虽然现在有很多不同的图形识别指示系统，但拥有这些指示系统的

图 3-1　KFC logo

图 3-2　兰博基尼 logo

图 3-3　港龙航空 logo

图 3-4　正德和 VI 手册

公司仍难以找到其品牌识别的精确传播方式。外观识别标记不仅仅要反映品牌的独特之处，更重要的是它们同时又是企业整体品牌的组成部分。

与传统不同，产品也成了重要的品牌视觉识别部分。作为品牌最直接、最直观的表现途径，通过对包装的认知和对产品的使用体验，消费者会逐渐形成对品牌的一个初步印象。在心理学上，第一印象对于认知一个人或物往往是最重要的，品牌也是如此。因此产品及其包装的设计往往是体现产品品牌以至于企业品牌最重要的一个部分，具有传承性的产品设计对品牌的传播具有重要的意义。

因此，本章节对当今社会较为多见和新兴的品牌识别传播设计进行了五个方面的划分（基础视觉识别设计、包装及产品造型识别设计、广告识别设计、活动识别设计、事务识别设计），将为您提供一个相对系统直观的 BIS 品牌识别系统介绍和了解。

3.1　品牌基础视觉识别设计

品牌基础视觉识别设计是整个视觉识别系统的基础，占据极为重要的核心位置。这也是与传统 VI 应用系统继承度最高的部分。它不仅是品牌理念文化和行为识别的视觉传播，更对其他延伸性的应用系统设计起着指导和规范的作用。

视觉识别传播设计由基础视觉识别传播和延伸性的应用视觉识别传播两部分组成。基础视觉识别的传播主要包括：企业品牌标志的传播、标准字和标准色的识别传播、精神标语的传播、企业造型的传播、象征图案和基本要素的组合设计传播（图 3-5）。

图 3-5　基础视觉识别传播构成

3.1.1　基本要素——标志、标准字、标准色

标志、标准字和标准色是构成基础视觉识别传播设计的基本要素，其中，标志最为重要。

标志：英文俗称为 LOGO，是表面事物特征的记号、商标。品牌标志则是现代经济的产物，是企业物化最为主要的非语言性的符号，它承载着企业精神资产，是企业综合信息传递的媒介，是企业形象传递中最为直接，应用最为广泛和出现频率最高的关键元素。

标志设计的分类有两种：

(1) 图画型标志：图画型标志主要包括具象和抽象两种表现形式

1) 具象表现形式

①人物造型的图形：LG品牌标志，一个"未来的笑脸"是LG标志的主要意义所在，该标志以人物的笑脸作为主要的品牌形象设计，标志图案无论是构成上还是线条上都简洁、大方，让人印象深刻（图3-6）。

图3-6　LG品牌标志

②动物造型的图形：彪马品牌标志，彪马品牌标志的形象是一个跨越式美洲狮。通过将这种动物用于彪马的标志，该品牌公司已经整合了完整意义上的产品转化为一种强大的特性。美洲狮标志本身的特点，象征着该品牌具有强大竞争力的品牌形象（图3-7）。

图3-7　彪马品牌标志

③器物造型的图形：丹顿咖啡品牌标志，以简单的咖啡杯造型作为该品牌的标志形象设计，非常直观明了，体现了该品牌绿色、环保和雅致的形象（图3-8）。

图3-8　丹顿咖啡品牌标志

④植物造型的图形：香港特别行政区区徽标志，白色紫荆花代表香港，花蕊上的五星象征香港同胞热爱祖国，旗、花分别采用红、白不同颜色，象征"一国两制"。标志几何规范图形的动态紫荆花设计造型优美，形象逼真，寓意深远（图3-9）。

图3-9　香港特别行政区区徽标志

⑤自然造型的图形：东方卫视电视台标志，东方卫视由红色太阳球与白色星星组成，人们一提到东方首先想到的就是太阳，它代表了上海是一座充满活力的大都市，红色又是中国的传统色彩，象征着吉祥和喜庆。五角星代表了胜利与美好，其中的白色又是西方的标志性色彩，红色与白色的相称也代表了中西方文化的融合与交流。这种自然造型的合理组合是一种具有现代理念的大胆尝试（图3-10）。

2) 抽象表现形式：抽象表现形式主要以各种规则或者不规则的几何图形作为主要的标志图形，在设计此类造

图3-10　东方卫视电视台标志

图 3-11　丰田汽车标志

图 3-12　汉字标志图形

图 3-13　大众汽车标志

图 3-14　7天连锁酒店

型时多把具象的物体进行结构的分解，变化为几何图形，因此要有一定的空间感和想象力。丰田汽车标志，将三个椭圆进行合理的排列组合（图 3-11）。

（2）文字表现形式：

1）汉字标志图形：汉字是中华文明的体现，更是中国元素的体现，汉字与传统图形结合形成独特的标志气质，如图 3-12 所示为一个图书馆的标志设计，就是最为典型的汉字的变形组合。

2）拉丁字母标志图形：拉丁字母简练大方，易于变化，便于组合，在设计中可以千变万化。在商标标志设计中，设计者一般着重于利用第一个字为元素，加以夸张、演变、美化、提炼，构成今天这么丰富的单个字母及组合字母图形，如图 3-13 所示大众汽车标志。

（3）数字标志图形：在设计数字标志图形时特别需要注意的便是数字标志造型的新颖性。与字体形态相比较，我们不难发现，数字造型极为简洁，人们对数字有一种天生的敏感，便于形态的变化和识别，特别是改造后的数字造型极为富有现代感，为品牌的标志设计开辟了一条新的创新之路（图 3-14）。

标准字：标准字体是为企业和品牌的特殊表现而专门设计的，它们不仅要始终传递着品牌名称等方面的各种信息，更要以个性鲜明的字体传递美感，体现出品牌的文化内涵和所要表达的风格，最终推动着品牌识别设计的传播。总的来说，标准字是视觉识别系统中基本设计要素之一，运用之广泛，几乎涵盖了视觉识别符号系统中的各种应用设计要素，出现的频率甚至超过标志。故而其重要性不亚于标志。

1）标准字体设计的基本分类：

①专用字体型设计

②通用字体型设计

③局部创新型设计

2）标准字在品牌识别设计传播中的运用

标准字体设计中主要包括标志字标准制图、标准字解说和标准字变形规范三个方面；标志字标准制图是标准字

>>>>>>>>>>

在品牌识别设计过程中要求最为严谨和规范的，它既包括品牌的名称。也包括该品牌所归属企业或单位的名称。所以在使用过程中禁止改动，在实际的应用中，必须严格按照比例关系由电脑输出或用网格制作方法放大、缩小，特别是不可随意改变字的间距和字体，如图3-15所示中国光大银行标志字标准制图。

图3-15　中国光大银行标志字标准制图

另外，在标准字的解说方面通常会用到中文和英文两种语种作为品牌识别传播的需要，特别是要注意无论是标准字的语种、字体样式还是字体大小等要素都要进行详细的说明，进行规范化的整合，让使用者可以方便和正确的使用。最后，在标准字变形方面可以根据使用者的喜好，设计师进行合理地创作，运用线条化、反白、空心等设计方法。

标准色：标准色是企业用来象征品牌形象的指定颜色，是标志、标准字及其宣传销售方面的专用色彩。同样的，标准色设计项目也包括三个方面，分别是标准色规范、辅助色规范和色彩解说。标准色规范多数是指单色的标准色，指标志和标准字仅指定一个颜色作为品牌的标准色，所以必须具有集中、强烈的视觉效果，方便消费者的记忆和视觉识别的传播。辅助色规范是用两种以上的色彩搭配，讲究色彩的组合效果，它是为丰富标准色规范而服务的，所以在设计上一般采用增强色彩的韵律和突出色彩物理特性为主要的方法。色彩解说和标准字的解说一样，都是为了使用者可以便利正确使用而进行的说明。

图3-16　正德和VI标志组合规范

3.1.2　辅助要素——象征图案、特形图案

象征图案：象征图案又称装饰花边，是视觉识别设计要素的延伸和发展，配合标志、标准字、标准色、特性图案等基本要素进行的辅助运用，有着不可忽略的功能作用。比如在一个品牌的标志识别设计中，放一个商标显得太空了，再加一个元素又放不下，这时象征性的花边就能收到很好的效果，既能节约空间，又能起到美观的效果。

象征图形在设计运用上有如下功能：

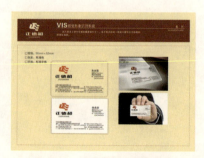

图3-17　正德和名片形象规范

图 3-18　黑谷坊 logo

(1) 强化品牌形象：作为一种辅助与补充的设计要素，应正确把握好象征图形与视觉识别设计系统中的主从关系，以配合设计的展开运用。

(2) 增强整个图案的视觉效果，由象征图形组合变化能衍生出富于趣味性的动感度，强化视觉冲击力，激发和促进诱导效果。

(3) 促进设计要素的适应性，由象征图形作为辅助要素，有利于稳定整个画面的和谐和稳定性，增加基本要素运用时的适应性与灵动性，有助于设计表现幅度与深度的推广。

特形图案：特形图案是为了塑造品牌识别特定的造型符号，它的目的在于运用形象化的图形，强化企业性格，表达产品和服务的特质，是整个品牌视觉识别辅助要素中最为重要的。

企业特形图案造型的设计方向，可由以下方面确定：

(1) 故事性：从流传民间家喻户晓深入人心的童话、神话故事或民间传说中，选择个性特征突出的角色。

(2) 来源性：人类都有一种怀旧心理，以历史性确定企业特形图案造型设计方向，可以标示历史悠久的传统文化，经典名牌的权威性。

(3) 造型性：以企业经营的内容或产品制造的材料为特形图案的设计方向。

(4) 动植物的习性：以不同习性的动植物再赋予其特定的姿态动作，传达独特的经营理念。

总的来说，特形图案作为品牌视觉识别辅助要素中最为重要的元素，所以在设计时必须具备个性化，只有这样才能在众多同类品牌中脱颖而出；同时，还要注意图案形象要有亲和力，以便增进与消费者之间的互动，将信息传达得更为深刻。

要素组合

品牌视觉识别设计的传播要素组合主要是指在平面构图上要塑造统一、合理和协调的设计模式，这种具有延伸性的编排模式，已成为现代社会各大企业规划视觉识别设计的重点要素设计。

要素组合设计的合理运用，首先要了解、把握品牌识别系统基础要素的组合系统，根据组合系统的规定，再增添标题、标题字、文案内容的空间，试作各种排列组合，再确定富于延伸性的编排模式。

所以，要素组合设计在确定整合样式后，为方便应用制作，需要绘制结构图以统一规范，详细标明尺寸和各种构成要素在版面上的空间位置。

精神标语：品牌识别设计的精神标语主要是体现一个品牌的文化性与价值观，或是要强化塑造品牌名称所运用的营销手段。即明确表明品牌的服务态度与确立社会价值；因此目的性要强，主要有以下的特征：

(1) 具备经营特性，强调优势资源

(2) 符合经营规模、形态，强化产品的服务特色

(3) 有团体的象征意义

(4) 强调技术的可靠性

(5) 兼顾目标与实现方法

(6) 关怀人性，强调人文主义精神

(7) 具备调整性的特征，因时代、环境等因素的变化而变化

图 3-19　可口可乐 logo

3.2　商品包装及产品造型识别设计

3.2.1　商品包装识别设计

包装设计最主要的功能是保护商品，但是包装发展到今天，其内涵越来越大，形式越来越多元化。优良的包装除了具有对商品的保护和美化功能外，还具有广告性，有助于商品的陈列展销，有利于消费者识别选购，激发消费者的购买欲望。包装设计权威路易斯·切斯金经多次试验发现，包装外表会影响人们的判断。他把这一现象叫做"感觉转移"，即多数人会把对包装的感觉转移到产品上。现代包装是沟通生产者与消费者的最好桥梁。

商品包装识别设计的内容物主要有：

大件商品运输包装

外包装箱（木质、纸质）

图 3-20　VALSER 矿泉水包装

图 3-21　食品系列包装

图 3-22　食品礼盒包装

商品系列包装

礼品盒包装

包装纸

配件包装纸箱

合格证

产品标识卡

存放卡

保修卡

质量通知书版式规范

说明书版式规范

封箱胶

会议事务用品

商品包装识别设计的构成要素

商品包装识别设计的构成要素主要包括三个方面：形式、色彩和版式。

（1）形式

形式的构成要素主要是指商品包装展示面的外形，主要分为了平面视觉空间和立体视觉空间。平面视觉空间在商品包装识别设计中的重点就是图形的构成使用，它主要包括：

1）商标：以图形作为表现的商业标志

2）插图：以各种绘画方式进行的表现手法，例如油画、水粉、水彩、版画等

3）图案：各种传统和现代的装饰图案

4）摄影图形：以拍摄技巧和暗房技术性处理的各种特殊效果的摄影图形

5）电脑制图：利用电脑设计软件进行创作的图形

立体视觉空间在商品包装识别设计中主要是以形态作为主要的表现，这种形态主要包括了产品本身造型形态的包装，主要有圆柱体形态、长方体形态、圆锥体形态、组合形态及因不同切割构成的异形形态。作为包装设计师应该依据形式美法则并结合产品自身功能的特点，将各种条件、因素有机且自然地结合起来，设计出符合品牌特色的产品包装。

(2) 色彩

色彩在商品包装识别设计中主要是指科学地利用色彩的物理特性美化和突出商品。因此，商品包装识别设计的色彩需要做到对比强烈、标志醒目的表现要求，以达到促进消费者购买欲的目的。

色彩同时可以直接反映出人的情感和心理，牵扯的学问自然也很多，其中包括美学、光学和心理学等。因此，我们必须根据消费者的年龄层次、兴趣爱好、文化程度、地域背景等实际因素对色彩在商品包装识别设计中进行调查选用。

1）形象色在商品包装识别设计中的运用

形象色是指消费者在长期的社会生活中对商品固有色的一种特殊的心理需求，它可以直接体现商品内在特性和用途，是人们长期生活感性积累的结果，在商品的包装设计中逐渐成为一种传统的视觉心理。例如：土豆是土黄色的，所以我们看到许多薯片的包装上就以这种色调作为主题色；咖啡豆是褐色的，很多咖啡饮品的商品包装就以褐色作为主题色。如图3-25所示，设计师将这种固有的概念运用到商品包装上，将产品的形象固有色作为商品的包装形象，可以取得直接认识的效应。

2）情感色在商品包装识别设计中的运用

情感色主要产生于人的联想，因此说，色彩本身没有情感，设计师从情感上促使人们自动了解包装的内容。所以，合理运用好情感色能直接左右消费者对商品的识别。情感色主要分为两方面，即主观和客观。主观的情感色主要是指人们依据年龄、性别、职业、民俗等主观意识因素而产生的色彩，例如：婴儿喜欢明亮的色彩，老人喜欢沉稳色彩，中国人的传统色是红色，法国人不喜欢绿色等等；客观的情感色主要是指多数人对色彩效果的普遍认同，它代表了大部分人的欣赏角度，例如：红色、橙色、黄色等暖色调研究表明能提升人的食欲，满足人们的味觉需求，因此，我们在食品的包装中可以多运用到这类色调，像我们常见的肯德基、麦当劳这类全球知名的快餐品牌就采用这类色调作为商品的包装识别（图3-26）；再比如，基础类化妆品的包装要做到体现女性柔美、

图3-23 鲍鱼销售包装

图3-24 Lancome产品系列包装

图3-25 雀巢咖啡包装

图3-26 麦当劳商品包装

优雅、可爱等形象特质，所以多采用白色、粉色等中性色调作为包装识别的主题色。

总而言之，色彩是包装识别设计中最为主要的构成要素之一，也是消费者第一眼识别商品的直接要素，在包装设计中，我们可以根据以下方法作为包装的色彩识别设计：

①包装的色彩可以与商品内容物的色彩保持一致，这样不仅可以传达出商品特性品质，还可以做到商品内外识别的统一性和整体性。

②在商品包装中应该合理运用到色彩的三大属性：色相、纯度和明度，将三大属性的特性科学、合理地灵活组合，针对性地表现品牌个性。

图3-27 食品包装袋

③全面支持和规范好品牌基础色彩识别规范，以不同的色彩体现商品不同的系列或性能，体现出商品的品质和内涵。

④商品包装色彩要与色彩管理效果如一，不受印刷的限制。

⑤色彩必须被商品购买阶层所接受，要与其他的设计元素保持一致。

(3) 版式

在现代包装识别设计中文字不但起到了解内容的作用，最为主要的是它是信息传递的媒介，在商品包装中可以没有图形，但是必须要有文字，我们不难发现，文字有了与以往不同的功效，主要是指包装上的文字设计。

图3-28 芦荟茶

1) 包装识别设计中版式的分类

包装的文字识别设计除字体设计之外，文字的版面编排处理也是商品包装识别设计的重要因素之一，我们在进行包装设计中多把这美丽和丰富的符号进行合理的组合、安排，构造出和谐统一的画面。因此，在商品包装中，无论是单体字还是组合字，都有双重的识别设计，分别是直接识别和间接识别。

文字的直接识别主要是体现商品包装上的功能性，在文字的编排上保证消费者能够顺利阅读，它包括：商品或品牌的名称、原材料或生产工艺、功效说明、容量、相关指标、广告语、企业名称、联系方式、安全提示等。包装中的直接

图3-29 茶叶包装设计工艺

▶▶▶▶▶▶▶▶▶

识别语言组织要通俗易懂，品牌形象要表达准确，要以较为直接的方式传递给消费者。文字的间接识别主要是指文字的艺术性，使字体通过编排的方式产生一定的形式美，让人在阅读功能的同时产生美的视觉效果，因此表现手法非常之多，主要有：对立、连接、矛盾、重复、夸张等手法。

2）将跨版设计运用在包装中：所谓包装中的跨版设计是指在包装的版式设计中将每个面都联系在一起或运用同一种艺术表现手法，这种设计是版式在包装中特有的表现手法：效果统一、整体，富有节奏感和立体感（图3-30）。

3）包装识别设计中版式的编排原则

在包装设计中版式的处理不仅要注意字与字的关系，还应该注意到行与行、组与组的关系。包装上的文字编排应在不同的方向、不同的大小、不同的位置进行整体的考虑，常见的主要有：横排式、竖排式、适行式、阶梯式、对应式、集中式，等等。

图3-30　美国 Kleenex 纸巾包装

3.2.2　包装的识别设计在版式上的编排原则

商品或品牌名称在整个版式的编排上是最为重要的部分，在包装的整个版式构图中应放在最为明显的中心部位，必须要以文字加以表现，给人以深刻的印象。

（1）遇到瓶贴的包装时，瓶贴上的字体编排是立体包装的组成部分，因此瓶贴的直接识别和间接识别都必须包含字体设计。

（2）注意字体设计的多样化，不同的字体具备了不同的性格特征，有多少视觉风格的表现就有多少与之匹配的字体，例如像茶叶这种传统商品包装适合仿宋或楷体等传统字体；像手机这类的现代商品的包装就适合使用黑体或等线条字体。

（3）注意图形和其他视觉元素与文字的和谐统一，字体风格必须与版式的整体风格保持一致。

图3-31　礼盒

3.2.3　产品造型识别设计

自从20世纪工业设计诞生以来，在企业研发生产过程中，产品造型设计就成为了相当重要的一环，一个好的

图3-32　轩尼诗酒

设计将为企业带来更多的利益。

在 BIS 体系中，产品作为消费者直接接触使用的物件，很大程度上决定了品牌在消费者心中的定位，品质优良且具有传承性的产品，比做工粗糙或是刚进入市场的新产品有着更大的竞争优势，这就是品牌的作用。

（1）苹果公司产品识别设计

自从 2001 年第一代 iPod 诞生以来，苹果公司已经推出了 iPod classic、iPod mini、iPod shuffle、iPod nano、iTouch 等五种不同的移动播放设备，4 代 iPhone 移动通讯设备以及 iPad 平板电脑三个大类的移动电子产品。苹果公司传统的苹果电脑行业，也推出了 iMac 系列多种不同市场定位的产品。但是，作为苹果公司的产品，即使没有了苹果公司的标志，人们也能一眼认出这就是苹果公司的产品，即使是高仿的山寨机，一旦入手比较，不用开机，立刻就能见分晓。究其原因就是其造型极简，或黑、或白、或铝制，使设计中的"少即是多"的原则得了充分的体现。与此同时，苹果产品在细节品质的把控上，将其品牌精益求精的精神体现得更为突出（图 3-35）。

（2）著名汽车生产企业品牌识别设计

在工业产品中，汽车业或许是品牌传承最直接的代表。一流汽车公司的产品，不同的品牌都具有不同的造型特点，但是同时都保持着这一品牌所具有的传统的识别元素。正是这些相同的识别元素，使我们在第一时间就能认出它们（图 3-36～图 3-39）。

图 3-33　食品包装

图 3-34　啤酒包装

图 3-35　iphone4 手机

图 3-36　宝马 1 系汽车

图 3-37　宝马 M1 Homage 概念车

图 3-38　雪铁龙 C-Metisse 超级概念车

图 3-39 雪铁龙新萨拉·毕加索

>>>>>>>>>>

1）宝马双肾前脸

2）雪铁龙双人字前脸

3.3 广告识别设计

广告作为品牌推广的最常见方式，是顾客了解、认识品牌的一个重要途径。在 BIS 品牌识别系统中，广告不仅仅是为了宣传某种特定的产品，与传统不同的是，BIS 的广告识别设计更多地从品牌的整体策略方式进行营销。与产品识别一样，基于品牌识别的广告设计更重视品牌在传播过程中的传承性。

3.3.1 传统广告识别设计

企业选择不同的媒介传播广告，是一种长远的、统筹规划较为整体的强效宣传方式，可在短时间内以最快的速度将企业信息传播得最为广泛，是当代企业不可或缺的重要手段。现代科技的飞速发展，同时也带动了广告识别设计更加电子化、现代化，大大提升了传播效率，具体包括了以下三大类：

图3-40　可口可乐广告

3.3.1.1 平面媒介类广告识别

平面媒介类广告作为广告识别设计的重要组成部分，广告识别设计的本身就是涉及多种艺术与科学分类的综合学科，而平面媒介类广告在宣传方面拥有电子媒介类广告和立体媒介类广告所没有的独特性：能够密切与消费者的生活、活动场所直接接触，更为有利的影响消费者的购买选择性，从而达到投放成本少、活动空间却较大的双盈利效果。

（1）平面媒介类广告主要包括：

报纸杂志、海报招贴、邮寄广告、商品样本等。

（2）平面媒介类广告识别设计的主要传播途径：

1）利用报纸、期刊、图书、名录等刊登的广告识别设计；

2）利用车、船、飞机等交通工具设置、绘制、张贴广告；

3）利用影剧院、体育场（馆）、文化馆、展览馆、宾馆、饭店、游乐场、商场等场所内外设置、张贴的广告识别设计；

图 3-41　思念水饺广告

4）通过邮局邮寄各类广告宣传品；

5）利用馈赠实物进行广告宣传。

3.3.1.2　电子媒介类广告识别

电子媒介类广告识别设计已逐步成为当代广告识别设计的主流产业，它随着电子科技的不断更新、电脑软件技术的合理运用，逐渐成为各大品牌广告必不可少的宣传手段。

（1）电子类广告识别主要包括：

电视广告、广播广告、网络广告等主流媒体广告。

（2）电子类广告识别主要传播途径：

1）利用人员的沟通；

2）利用电视、广播、网络进行传播的媒介。

3.3.1.3　立体媒介类广告识别

立体媒介广告在广告识别中因其视觉冲击力强、广告发布周期性持久、地域性强、形式自由、成本较低等特色一直是广告识别设计中不可分割的重要组成部分，同时，也是品牌外环境识别的最主要传播方式。

（1）普通立体媒介类广告的分类：

1）霓虹灯广告

霓虹灯广告一般设置在地处较高的位置，所以我们通常能在一个楼房或大厦的最高点等醒目的位置看到，在白天可以充当起招牌广告的作用，晚上则以夺目的色彩来传递广告信息，还可以起到点缀夜景的作用。总的来说，霓虹广告是传统手工艺和现代电子技术的完美结合，它以较少的颜色、装饰的品牌字体或图案在动态变化下活跃在人们的视野中。

2）车身广告

车身广告是利用交通工具，如电车、公用巴士、飞机、火车等外部的装饰进行设计的广告识别，因此它能够起到向公众反复传递信息的作用，属于一种高频率的媒介。车身广告讲究与环境和谐共生，注重公共意识，最好是能起到美化和提升一个城市文化内涵的作用。我们在设计车身广告时应该依据其大部分时间是在运动中这一特点，尽量减少文字的运用，突出图片的功能，增加其宣传的效率。

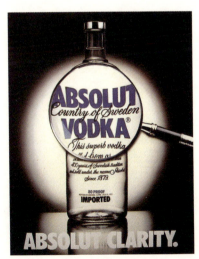

图 3-42　伏特加广告

3）路牌广告

路牌广告是在公共道路或交通要塞的两侧，利用灯箱或喷绘进行的广告形式。它是立体媒介类广告最为重要的一种广告形式，发展到现在已经有近百年的历史，从最早的铅皮材质的路牌广告到彩喷路牌广告，再到浮雕式的路牌广告，一直到现在较多被使用的立体三面翻路牌广告、电子屏幕路牌广告等，其具备了反复诉说性强、区域性明确等广告识别特点，能够起到提升观赏者记忆和注意率的作用。

（2）立体媒介类广告识别的设计法则

1）注重创意与媒体相结合，在整个广告识别设计中起到整合互动的作用，发挥平面媒介类广告和电子媒介类广告所能带来的优势。

2）抓住立体媒介类广告识别的精髓——瞬间达到的视觉冲击力，要在最短的时间传达出品牌或产品形象，因此，尽量以图片代替文字。

传统广告识别设计三大类型比较（见表3-1）：

3.3.2 基于品牌识别系统的广告设计特点

塑造个性鲜明的品牌形象和品牌联想，广告对品牌的作用无疑是巨大的，好的广告不仅让品牌为人所知，还能通过广告创造出品牌的新功能，使它成为被广告构建的品

图3-43 薯条广告

表3-1

媒介	优点	缺点
报纸	时效性、针对性、灵活性强，读者面广，具有一定的新闻性	使用寿命短，表现力单调，费用较高
杂志	针对性强，保存周期长，再利用空间大	灵活性、时效性较差，受众范围有限
海报招贴	针对性强，表现力丰富，灵活性较好，版面位置选择性强	时效性较差，受众范围有限，不易保存，传播速度有限
广播	传播速度快，时效性强，费用较低	受众范围有限，表现力差，不易保存
电视	表现力强，覆盖力广，传播速度快，有着丰富感染力	价格昂贵，不易保存
网络	表现力极为丰富，传播速度快，可综合印刷媒体、广播电视的优势，可将平面、三维设计发挥到极致，极易保存	受互联网的制约，只有上网的人才能普及到
人员沟通	针对性和灵活性强	价格昂贵

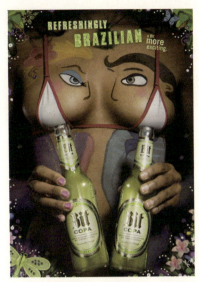

图3-44 啤酒广告

牌意义中的一部分。通过广告的传达,强化了品牌不断加深并有利于品牌识别系统的传播和记忆。

案例:绝对伏特加(图3-45)

拥有百年历史却在近二十年才被世人所熟知,这个出自瑞典的伏特加彻底颠覆了人们印象中伏特加原有的俄罗斯文化背景;在进军美国伏特加市场之后不到十年,便成为美国最热销的伏特加酒之一,并在2002年福布斯奢侈品品牌排行榜上名列榜首。ABSOLUT牌伏特加以其无与伦比的质量、完美无穷的创造力与飞扬的激情缔造了一个绝对经典。作为享誉世界的顶级烈酒品牌,它已超越酒的疆界,成为文化、个性、品位的象征,引导着时尚流行与时代消费。

提及ABSOLUT VODKA,我们不由得会联想到独特的瓶型和那些充满趣味和品位的平面广告,观看过绝对

图3-45 绝对伏特加

伏特加广告的人都被其完美的视觉效果和绝妙创意所折服，伏特加充分利用自己独特的瓶型和"绝对"品牌名称两大品牌识别符号，不断衍生出许多"绝对"话题，从而以不断变换的内容和一致的外在形式来吸引消费者的注意，大玩主题与变奏的创意游戏。在长期品牌的时尚化、个性化、价值化的传播过程中，一种定位于时尚、尊贵的ABSOLUT VODKA伏特加酒品牌个性，通过极具个性化的传播创意和传播手段清晰地表现出来了。绝对伏特加品牌的巨大成功离不开广告传播，绝对伏特加的广告作为品牌创造一种外观上持久的时尚。经过20多年的努力，它的品牌符号已经深入人心，只要有一点其独特酒瓶形状的痕迹，就能让人感觉到它的存在。杰出而持久的广告创意，由广告塑造出的品牌形象，由形象带来的品牌附加价值，为产品带来了很好的销售效果。为把这种理念传送到不同消费群，绝对伏特加创作了一千多张平面广告，其中的场景各不相同，有产品、城市、节日、服装、新闻等，而绝对伏特加独特的酒瓶都能恰如其分地凸现在某个部位。绝对伏特加糅合时尚元素，迎合人们对精神、文化与生活品质的永远追求，树立起一个高雅、智慧、自信、神秘的品牌形象，并创造了一种全新的广告模式，缩短了广告和艺术的距离。

图 3-46　运输车体形象

3.4　活动识别设计

众所周知，一个品牌的发展依靠的就是强而有力的宣传，社会发展的今天，物质生活不断丰富。如何增进消费者和品牌的互动；如何让消费者能够真正对一个品牌产生依恋；如何增强一个品牌的亲和力，一直都是各大商家和企业的宣传目的和内在本质。在这个时候，商家、企业，更甚政府，往往要通过各式各样的活动拉近与消费者的距离，将品牌信息传递给活动参与者，树立起良好的品牌形象。

3.4.1　活动识别设计的构成要素

所谓活动识别指的是除广告宣传以外的品牌活动，一般包括：会议展览、卖场促销、专题研讨、公益赞助、商场促销等等。根据活动内容主题的需要,对活动相关的物品、宣传用品、海报招贴等一系列视觉系统进行统一的规划和设计。

活动识别设计可分为商业的和非商业的,把识别系统的构成分为了主要的三个部分,分别是：会展活动识别、促销活动识别和公关活动识别。其中,会展活动识别中科技含量较高的电子类领域的品牌较多,日常消费领域的品牌就较为重视促销活动,为了增加知名度的炒作品牌则在公关活动识别中运用较多。

3.4.1.1 活动识别设计的策划要素：

（1）策划目标

根据不同的活动类别,设计应清楚可预期的目标和效果。

（2）策划对象

策划对象是指活动本身及其形成过程。

（3）策划主体

一般来说指：

企业内部——市场营销部门；

企业外部——活动经营单位。

（4）策划内容

明确目标、拟定计划、预定策略、控制方向、检验标准等。

3.4.1.2 活动识别策划的基本原则

活动识别设计的基本原则体现了对活动的基本要求和目的,是提高活动的经济效益、塑造品牌形象的重要依据。无论是策划目标的确立和问题的评估,还是策划方案的设计制作和实施,都应该以活动策划的基本原则作为指导。

（1）创新性原则

活动识别的策划本身就是极具特色的行业,由于其开放性、不确定性等因素,要求创新这一原则始终贯彻于活动识别的始终。从品牌的营销到活动期间,只有不断吸纳和整合社会资源,不断融入创新,才能确保活动的最终完成。

（2）效益性原则

活动识别展开的根本目的就是为了取得效益,无论是

图 3-47 美汁源商场促销活动

图 3-48 可口可乐商场保销活动

经济效益还是社会效益,策划的始终都必须围绕着这一原则展开。

(3) 整合性原则

活动识别的策划是一个系统性的工程,它不是一个人或者一个单位就能完成的事情,它必须将活动识别的相关事务和不相关事务的科学性和艺术性整合在一起才能够创造出新的价值,特别是在引领活动发展趋势及捕捉行业潜在需求方面,能达到很大程度的实用性。从某种意义上说,整合就是策划。

(4) 艺术性原则

艺术性原则是活动策划知识、灵感、能力、经验的综合体现,它主要包括活动的主题开发、活动场地的空间设计、活动标志和活动识别的组合。

图 3-49　山东临工企业活动

无论是会展活动识别、促销活动识别还是公关活动识别已不像以往依靠主持人或服务人员的推销进行对活动主题的宣传,更多的是在对活动的识别设计中加入新技术、新成果调动观众的视觉、听觉、触觉,甚至是嗅觉和味觉等一切感官,尽可能地做到人与人、人与物之间的交流互动,增强与被宣传者之间的情感交流。但是,这些感官的认知都是围绕着活动识别的几大模块进行展开的:

(1) 活动主题:无论是哪种活动类型都必须要有明确的主题,只有主题确定了才能决定该活动需要哪种风格,才能有序地安排活动的时间、场地以及场次等。主题明确之后,便需要围绕主题进行艺术化的形象定位,设计出简洁、清晰的基础识别,搭配上朗朗上口的宣传用语,最终达到广泛宣传的目的。

(2) 活动场地的空间设计:活动场地的空间设计主要是对活动场地进行合理规划、布局和装饰,甚至是参展台的设计,利用新技术、新成果与色彩的搭配组合全方位地调动观众的感官,感受行业的趋势。

(3) 活动标志:活动标志是品牌标志的一个分支,往往由一些极具美感的图案、文字等视觉元素所组成,以符号的形式向活动参与者展示其形象、特征和信息。活动标志的设计流程是:

图 3-50　企业公益活动

图 3-51 青岛啤酒促销活动

创意→设计→营销→认知→情感

首先，活动标志作为活动识别设计的基础设计，标志设计必须具有创意，有较强的视觉冲击力，并且适用于各种广告媒介。

其次，创意必须通过艺术性的设计来加以体现，设计师利用各种视觉元素表现出极具创意的标志，从而使其成为活动的象征，体现出品牌的价值和营销理念，展现办展机构的能力。

在观众心理认知的过程上，符号他们的文化背景、民族传统、审美品位的过程中做到通俗易懂、记忆深刻，扩大品质认知度；

最后，使活动和观众之间产生良好的情感交流，让其产生丰富的联想，对整个活动产生依赖性。

(4) 活动识别的组合：不同的活动类型所需的基本识别设计也是不同的，它围绕着活动场地开展一系列艺术性的服务活动。研讨会论题设计是否在参展商和观众之间搭成一个互动的平台？主题活动能否为品牌带来主题性的公关？促销活动能否为商家带来更多的经济利益，提升品牌的忠诚度？这些都看活动的组合能否安排的巧妙和灵活。

3.4.2 POP 广告在活动识别设计中的运用

POP 广告是当代品牌活动中使用率最高的一种宣传手段，POP 广告的特点就在于其特定性，即在特定的时间、空间进行商品的广告发布，这种特定性与品牌活动的本质不谋而合。因此，商家在推出新型商品或促销活动时都会将此广告方式大力使用。

POP 广告在活动识别设计中的基本法则：

(1) 在 POP 广告中基本要素：标志、标准字、标准色不能脱离所要宣传品牌的文化，和宣传主题要保持一致，尽量还原该品牌的本来文化面貌，内容要按照 POP 广告的四大类型（悬挂类、陈列类、主题墙类、摆放类）进行合理的设计，文字的说明可以丰富，让观众可以全方位地了解商品。既要有鲜明的个性，又要与品牌形象相符。

图 3-52 苏宁公益活动

>>>>>>>>>

（2）POP广告在活动识别设计中最为主要的就是所要展示商品的陈列设计，设计要尽量做到醒目，特别是要突出版式。在色彩的选用上要严格按照品牌活动的时间，视所要宣传商品的定位、特征以及活动的具体情况进行"量身"设计，应与会场或商场、超市形象保持一致。

作为活动识别设计的重要组成部分的会展设计，我们将在第四章做详细的解读。

3.5　事务识别设计

事务用品种类繁多，广泛地运用于我们的日常生活当中，是品牌内识别的重要组成部分，其项目细则包括：

名片、信纸、信封、便笺、各型公文袋、资料袋、薪金袋、卷宗袋、合同书、证卡、报价单、各类表单和账票、年历、月历、日历、工商日记、奖状、奖牌、茶具、办公设施等用具（如纸镇、笔架、圆珠笔、铅笔、雨具架、订书机、传真机等）、纸杯、服装和自用车体等。

3.5.1　名片、信纸、信封类

名片、信纸、信封类用品是事物识别设计最为主要的部分，它是企业向外界传达信息的主要手段，也是整个企业识别设计最重要的应用型设计。

名片，俗称方寸艺术，虽然面积小，接触面却极为广泛，是陌生人之间相互认识、互通企业和个人信息的主要渠道。具有CI形象规划的企业名片纳入办公用品策划中，拥有企业所有的基本识别：标志、标准色、标准字等，这种类型的名片以企业信息为主，个人信息为辅。标准名片的尺寸分为两大类：

（1）普通型，尺寸为：55×90mm；

（2）折卡型，尺寸为：95×90mm。

名片的设计因其内容丰富（印刷者姓名、头衔、职务与职称、工作单位、联系地址与联系方式；有时还须要列企业的产品或服务项目，收款账户与开户银行；公司的位置详图及公司的座右铭等），主要依靠排版来制定色彩、字

图3-53　商业名片

体和字号，我们常见的名片主要有以下三种排版方式：

（1）横行设计：是最为常见的排版方式，根据现代人阅读习惯（宽边为底、窄边为高）进行的排版，其特点是方便、快捷（图3-55）。

（2）竖行设计：竖行设计的排版方式多用于个性化的名片设计，排版较为复杂，恰好与横行设计相反——宽边为高、窄边为底（图3-56）。

（3）折叠型名片的排版：主要有双折型和半折型作为两种排版的设计，折叠型名片因其特殊的纸面结构已越来越多地被现代企业所接受。它不但体现了一个时代进步的标志，同时，因其极具艺术感的结构设计，体现了一个企业的品质与内涵（图3-57）。

图3-54　企业信封

图3-55　横行排版名片

图3-56　竖行排版名片

图3-57　折叠型名片

表 3–2

	小	中	大
信纸	185mm×260mm	210mm×297mm	216mm×279.5mm
信封	220mm×110mm	230mm×158mm	320mm×228mm

另外，名片不像一般的印刷，其大多数名片只能以小幅单张套印，因此印刷质量无法与大型胶印机比较，图片的精细度也不够。如果涉及特殊的材质和印刷工艺，在给出标准制图与相应制作说明时要给予标注，防止印刷时出错。

信纸、信封在企业事务识别设计中使用率也极高，其设计要素的组合与名片设计基本一致。但是，信纸、信封的设计在规格上与名片相比较，分为了大型、中型、小型三种不同的开本，以满足在实际工作中不同的需求。（见表 3-2）

信纸与信封相比，因其开本和设计编排必须符合邮政管理规范，其设计的个性化特点更为明显，在设计方法上可以：

（1）设计要素可以作为衬底，使层次更加丰富立体；

（2）如果要突出信纸华丽的设计个性，可以大面积的铺设底纹；

（3）如果要突出信纸雅致的设计个性，可以将局部铺设底纹或将纹样缩小，以散点排列。

信封的设计位置与范围只能在信封右下角的指定地方，需要严格按照邮局的管理规范，另外，特殊规格的信封一般不通过邮局寄送，以发送为主。例如：问候卡、盛装请帖、礼品及重要文件等。因此，在设计上要配合用途做到"因地制宜"，使设计更加讲究、印刷更加精致。

3.5.2 文件袋、证卡类

文件袋的种类繁多，包括公文袋、资料袋、薪金袋、卷宗袋、白卷宗等，多作为包装物品进行使用（多用于对自己私人物品或身份文件保管等），所以设计有明显的多元

图 3–58 企业画册

图 3-59 创意新颖的 PP 料公文袋

化特征，我们多常见的有：文件套式、活页袋式、扣式、有侧宽透明文件袋等。设计的多元化促使材料的运用上也多样化：像我们最常见的牛皮纸、还有回收率较高的 PP 料、PVC 料等。特别是文件袋在设计上也越来越标新立异，不仅颜色多样化，同时，将企业标志新颖、独特地排版于文件袋上以体现企业形象（图 3-59）。

随着现代科技的发展，管理系统的电子化和自动化水平促使证卡种类的不断演变，从 1958 年，美国人将证卡应用于驾驶执照，随后身份卡，医疗卡，信用卡的出现，最后在企业事务识别中成为不可缺少的一部分，包括证件、工卡、胸牌等，应用范围大大扩展，其特征是微电子技术发展带来的卡式电子证件与计算机制证及识别技术的巧妙结合。证卡材料以塑胶为主，包括聚氯乙烯、聚酯、ABS 塑料等。

3.5.3 纸杯、服装和自用车体类

纸杯、服装和自用车体类的应用型识别设计，主要任务是对外起到统一宣传的作用，其对外的对象主要是消费群体。

（1）纸杯

当纯净水进入市场之后，纸杯由于其制作成本低廉，宣传力度大而成为外来人员进入公司的首个应用型传播工具。企业纸杯的视觉设计应当尽可能地运用简单的视觉元素突出企业形象。

（2）服装

统一的员工服装对于企业来说，对外起到宣传品牌形象的作用，从而提高服务质量和进一步加深消费者对品牌的认知度；对内可以整肃集体形象，加强员工的集体观念，让员工产生归属感，更好地为企业服务。

（3）自用车体类

自用车体类是包括企业一切可用交通工具（如飞机、汽车、巴士、轮船等）的造型设计和汽车的外装饰设计，它是企业对外宣传的有效工具。

图 3-60 企业背景墙形象

3.6　环境识别设计

环境识别设计是企业系统识别设计的重要组成部分，更是人类现代文明进步的重要标志，是城市化建设发展的必然要求。如何科学规范地设计出具有优秀延展性的应用性识别设计——环境识别设计，是深化品牌认知、提高品牌形象的重要手段。环境识别设计主要是指一个企业生存环境（如工厂、商场、连锁店、写字楼等）的相关标志、建筑环境、楼层空间及其他立体制作物的视觉规划和设计，它必须与品牌文化及风格保持一致，整合出统一的环境，更进一步地提升品牌对消费者的认知度。环境识别设计中主要包括了企业招牌、公共识别牌、部门识别牌、公司旗帜等，是一种公开化的、有特色的群体体系。本节挑选几个较为重点的内容进行分析说明。

图 3-61　导视牌（一）

标牌：标牌主要是对企业各区域（例如：经营、各办事机构、设施的分布、行动指示等）的标示牌，清晰准确的标牌可以使企业管理理念更加系统化，使其管理经营更加快捷和便利。

（1）标牌具有标记的功能，主要通过文字、图形和色彩等视觉要素进行表现。标牌同时还应当具有引导性、象征性和暗示性等功能。

图 3-62　导视牌（二）

（2）标牌还要准确地传递信息，起到广告的作用。

企业招牌：标牌设计中最为主要的部分，在整个环境识别设计中具有象征性，是企业对外界传递信息最直接的手段。企业招牌一般在建筑物的顶部，因此尺寸必须够大，必须醒目、整洁，同时便于远观。如图 3-64，为肯德基快餐连锁企业在中国的招牌，设计上简单、大方，让人一目了然。

公共识别牌、部门识别牌：主要是指对外起到宣传作用，在企业内部主要指洗手间、停车场等的公共标识，在设计这类标识时应该与公共通用标识相符合，防止产生不必要的联想和分歧。如图 3-65 为某房地产公共标识牌，形象生动地展示了该房地产公司的企业形象和所开发项目的

图 3-63　功能指示牌

图 3-64　肯德基快餐连锁企业在中国的招牌

图 3-65　某房地产企业公共标识设计

风格。

部门识别牌主要起到对员工办事效率提高的作用，同时要做到合理分布区域、阅读方便的设计特点。

旗帜：是传递一个企业精神的重要视觉识别途径，其特殊的感召力可以无形中带动员工的积极性；旗帜的基本设计要素包括企业标志、专用色彩及其精神标语。

旗帜规划类主要项目：

（1）公司旗帜，如标志旗帜、名称旗帜、企业造型旗帜等（图3-67）；

（2）特殊旗帜，如促销旗帜、庆典旗帜、主题式活动用旗等；

（3）横式挂旗；

（4）奖励旗；

（5）用于渲染气氛的各类吊挂式旗帜，并与不同内容的公司旗帜，形成具有强烈品牌形象识别效果。

图 3-66　酒店户外形象立牌

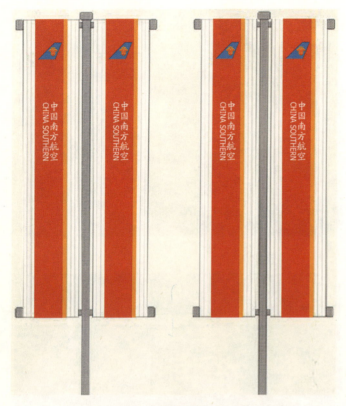

图3-67　中国南方航空公司旗帜

图3-68　酒店门头

图3-69　专营店门头形象

4 品牌销售空间设计

品牌销售空间设计是一门具有丰富内容，涉及的领域随着时代发展不断更新、不断充实的学科。我们所看到的商场、展销会等一些品牌销售空间设计的目的就是为了实现其审美价值的同时体现实用性价值，促成商业活动的顺利完成。品牌销售空间设计要求我们做到将展示艺术与空间紧密联系在一起，通过对空间的协调组织呈现出具有艺术效果、体现出品牌价值的销售空间。

在这里，我们所讲的品牌销售"空间"与我们所认知的单纯意义上的"空间"有所不同，它拥有与品牌形象相符的造型设计和品牌内涵，是可观、可听、可触、可体验的。因此，品牌销售空间设计与建筑设计、室内设计、园林设计等相比更为复杂，空间的变更性也较大，对设计者的灵活性和机动性是一个不小的考验。例如：当一个商场的布局确立之后，品牌形象的氛围设计将承担品牌区域诠释重要信息的作用。这个时候还需要结合广告传播的效力，能够在短时间内抓住消费者的眼球和心理，激发消费者的冲动购买欲。品牌的文化内涵要合理地与品牌销售区域衔接在一起，共同传递商品布局的合理定位，将品牌信息准确无误地传递给消费者。

4.1 品牌销售空间设计综述

4.1.1 品牌销售空间从内到外的提升

4.1.1.1 品牌销售空间文化的提升

文化往往跟民族美学、宗教、信仰等人们的日常生活息息相关，一个品牌的内在不仅仅是对其商品的设计，更是对文化的一种依赖。因此，比较传统的、温和的、民族化的东西往往更容易让人接受。人们的审美习惯不是与生俱来的，它是人们文化思潮的一部分。也就是说，但凡好

图 4-1　Cartier 专卖

的品牌，其文化内涵和经营理念都是深远的，经受得住时间的磨炼。

品牌销售空间的艺术性主要通过商业活动的文化主题表现出来，在形式上，视觉语言的表述要与主题区配；本质上，要全面、深刻地体现出品牌的理念；在品牌销售空间上，注重文化的提升，寻找与主题相符合的视觉符号，必然能够产生良好的艺术效果。例如：麦当劳多年以来将紧密围绕"家庭"这一文化主题作为吸引顾客的主要手段，从全球统一的红色背景和黄色的大笑脸的品牌标志到明亮、舒适宜人的销售餐厅，无一不是把友好、欢笑、随意的"家庭式"的文化营销理念带给大家。从麦当劳的这个品牌销售空间中我们还能发现很多有意思的事。

图4-2　包包专卖

（1）麦当劳的桌椅摆放都比较随意，特别是在不同的角落，巧妙地与空间相结合。

（2）麦当劳的洗手间墙面上不停更新"开心一刻"的幽默与笑话，让人感受到了轻松、温馨的家庭氛围。

（3）麦当劳的公共设施到了体贴、关怀备至的地步，店内专门设有报纸栏，还备有小推车，以便带着不会走路的小孩的顾客更为方便，等等。

麦当劳的成功案例告诉我们，空间设计承载的不仅仅是实用功能，品牌文化的建立和发扬也是未来品牌销售空间设计不可缺少的精髓所在，它与市场营销的利益直接挂钩，是品牌成长的必经之路。

另外值得一提的是，中国仍处在现代设计的发展阶段，现代设计的本身就充满了反叛、挑战和革命。所以，我们应该积累不同的文化体系、文化模式和文化类型，尽量不要出现一个文化体系、文化模式压倒另一个的情况，最终做到兼收并蓄、文化多元化发展。

4.1.1.2　品牌销售空间材料的提升

品牌销售空间从内到外设计模式的提升主要体现在几个方面：

（1）以内部设计来讲注重新型材料的选用

1）材料的多样化选择

一般来说，建筑材料有着多样化的选择，不同的材

图4-3　LV专卖

图 4-4　周大金珠宝针表综合旗舰店的销售空间

料经过不同的加工手段或设计方法可以呈现出不同的艺术美感。因为材料本身的弹性较大，所以往往可以激发设计者创造出许多大放异彩的作品，材料的发展可以直接体现出商业文化的发展。例如，周大金珠宝针表综合旗舰店的销售空间，整个店面大量采用别具特色的古铜色金刚材料作为装饰，与全店设计"人文、艺术、自然"这一主题完美融合于一体，旗舰店的本身已成为一家购物艺术馆（图4-4）。

2）环保材料的选择

未来包装材料的发展应该是绿色、低碳环保趋势。因此，无论是大到园林材料的选用还是品牌销售空间材料的选用，在设计上，我们都应该尽量还原材料的本来特色，减少涂料的使用率。

(2) 以外部设计来讲注重新型技术的选用

逻辑地设计展示的秩序，编排展示计划要利用好空间才能达到品牌销售空间的展示效果。因此，空间与空间之间要有一定的互动和渗透才能更加突出产品的视觉效果，在技术上可以多采用声、电、光、动态字体及其模拟仿真等手段进行展示，达到充分利用好销售空间的作用。

4.1.1.3　品牌销售空间人性化的提升

品牌的销售空间作为销售服务类的空间设计，消费者的需求应该放在第一位。它不仅要满足消费者对物质的

图 4-5　法拉利 4S 店

需求，同时也要满足他们的精神需求。这就需要设计师充分观察消费者的活动行为并在人机工程学中给予充分的体现——销售空间的形状、尺寸与人体和人活动尺寸得到协调和统一。要知道，最先进的技术和材料的选用并不能真正做到拉近与消费者之间的距离，只有创造一个让人心灵亲近、温暖的销售空间才能真正做到"行动"与"感知"完美融合的人性化设计。

4.1.2　品牌销售空间设计的三大模块

品牌销售空间设计的三大模块分别是：空间基础设计、空间主体设计和空间辅体设计[1]。它们是品牌销售空间的整合设计，是一个品牌从开发到成长不可缺少的重要组成部分。因为一个品牌销售空间的发展是多变的，是根据市场需求而不断更新的，把品牌销售空间设计细分为三大模块就是为了便于改进、便于宣传。

（1）空间基础设计

空间基础设计是空间主体设计和空间辅体设计的导航，空间主体设计和空间辅体设计的一切设计活动都是围绕着空间基础设计展开的。空间基础设计主要包括：概念创意、设计品牌空间主题和风格。因此，它必须对空间的总体布局、节点路径和空间轴线等做出明确的预设。

（2）空间主体设计

空间主体设计就是对整个品牌销售区域包括建筑、室内和周边环境的设计，是整个品牌空间设计中的主体，它必须在空间基础设计的主题和风格指引下展开。

（3）空间辅体设计

空间辅体设计的实质就是为空间主体设计服务，它主要是指对空间环境的再塑造，最为主要的就是色环境设计、光环境设计和声环境设计三项内容。因此，空间辅体设计更注重与消费者之间的情感交流，如果把空间主体设计和空间辅体设计看成一台电脑，那么空间主体设计便是电脑的硬件部分，而空间辅体设计无可厚非的便是电脑的软件部分。它们之间相辅相成，共同为消费者搭建感官认知的桥梁。

图4-6　家居销售专柜

---

[1] 陈云岗. 品牌设计 [M]. 北京：中国人民大学出版社，2004.

图 4-7　销售空间基础设计构成

4.1.2.1　品牌销售空间设计三大模块的策划形成

（1）空间基础设计的策划形成

品牌销售空间基础设计的形成主要依靠三个步骤完成（图 4-7），在准备阶段的主要工作就是突出概念创意及其简单的说明，收集工作有关的各项资料，并排列出进度表及其相关注意事项。其次，便是设计阶段，设计阶段主要是确立好销售空间的主题及其风格，指定好相关的色彩规划及材料计划表。最后，便是编制规范手册，规范好基本识别设计和辅助识别设计的各个部分。

（2）空间主体设计的策划形成（图 4-8）

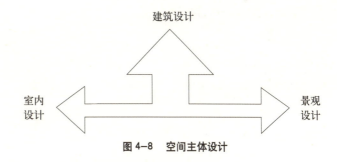

图 4-8　空间主体设计

空间主体设计是销售空间设计的总体构架，主要依靠建筑设计、室内设计和景观设计三大分支组成。

1）建筑设计的造型与结果直接制约着室内设计和景观设计，因此我们在策划阶段就要制定好平面配置图及各部分的立面图、透明图以及局部的大样图，主要的项目有：各空间区域的平面图、立面图、透视图和施工图，各类材质的规划、施工规范图及其规范说明。

2）室内设计是建筑设计的升华，是对空间分割、平面布局及其相应各个界面的总体设计，是对照明、色彩、材质三大软体设计的总体概括，更是对内含物设计（如商

图 4-9　LV 专卖店

品陈列台、促销台、价目牌、分类牌、店卡、目录架、品牌灯箱等）的完美衔接。因此，室内设计是与消费者生理和心理的直接接触，是三大分支中最为重要的。

室内设计在实施过程中有以下几个方面：

①设计好各空间区域的平面图和立体图、施工图；

②制定好各类材质规划；

③设计好各空间区域色彩风格；

④对功能设备的合理规划（如水电、照明等），最为主要的是灯光的配置规划与说明；

⑤对店员服饰风格、店内外广告招牌造型的设计；

⑥对商品展示类（如商品陈列台、促销台、价目牌、分类牌、店卡、目录架、品牌灯箱等）家具配置计划图。

图4-10　服装专卖店

3）景观设计在空间主体设计体系中，是指对品牌销售空间内、外部之间的协调，让消费者不仅拥有良好的销售环境，同时还能感受到生活休闲的轻松环境。景观设计中主要包括了平面布局与空间构成、植物的配置或人造自然资源等。项目的细则主要有：

①各空间区域的平面图和立体图、施工图；

②各类材质规划；

③各空间区域色彩风格；

④环境设施规划（如柜台、桌椅等家具，盆栽、垃圾桶、烟灰缸等环境风格，各类橱柜）；

⑤销售空间内外植物或人造自然资源的规划。

（3）空间辅体设计的策划形成（图4-11）

在空间体系中，空间辅体设计主要是对主体设计起到一个修饰、补充的作用，它主要包括了声环境设计、光环境设计和色环境设计三个部分。三者之间的主要任务就是为消费者营造出具有艺术性、观赏性的销售空间。

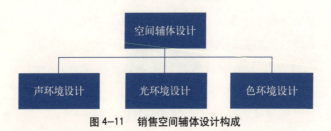

图4-11　销售空间辅体设计构成

4.2 商店卖场及展会空间设计

品牌空间展示主要分为商业卖场设计和展会空间设计两类。

商店卖场主要分为三种：街道商店、超级市场、大型百货商场。这三大类商店卖场根据具体营销类型的不同，在营业空间的设计上也应当有所不同。

4.2.1 商店卖场空间设计
4.2.1.1 街道商店

街道商店的主要营销模式是以研究消费者的购买心理而展开的，所以我们在设计商店的营业空间时要充分发挥其有限空间的多样性可能，将"商品陈列"和"卖场区域的配置"放在关键性的位置，因为这两者是塑造商店风格的主要手段。街道商店的设立，其硬件设备一经完成，整个结构是不易整修和更改的，惟有内装的改变，只要不破坏商店的主要墙体，商店整修内部是常见的。任何的商店卖场营业空间都分为内、外两部分进行设计：

（1）外部设计：

街道商店的外观设计本身就是一种非常具有标志性的宣传，其建筑造型无论复杂还是简单，都必须要具有非常明显的个性，特别是建筑物外观的色彩选用，在霓虹灯、装饰物、盆栽等方面尽可能地烘托出外观的轮廓，达到高度集中和强化的宣传效果。

1）招牌设计

一个醒目的招牌是街道商店吸引顾客的主要途径。因此，在设计上要采用多元化的方式起到装饰性的效果，例如：运用照明效果（霓虹灯、射灯、彩灯、灯箱等），或用旗帜、鲜花、彩带、立体雕塑等来进行装饰。

另外，在招牌的命名方面最好做到让消费者一目了然、精练顺口，最好是文字内容能与销售的商品较为吻合，切记过于复杂、潦草的字体设计。

图 4-12 展会现场（一）

2）店门设计

设计新颖的店门能直接诱导消费者牵引顾客进门。因此，在店门设计中，店门口进出方便是最为关键的。所以在设计上尽量做到开放性，街道商店一般来说其营业空间有限，因此，店门的进出口位置不能设在中央，把实际使用面积尽可能地用在商品的陈列上，将店门设在左边或右边，能做到良好的开放性效果，不会让顾客产生拒客的不良效果。另外，在店门的设计上还应当把周边的环境因素考虑在内，例如：采光效果、是否有隔挡建筑物、路面是否平坦等。

3）橱窗设计

橱窗设计主要是能起到装饰店面的作用，但是，街道商店的橱窗设计为了吸引住顾客，往往是把流行物件或主打商品放在橱窗中，这种方式还有另一种目的：把营销风格或店面风格传递出去。因此，橱窗设计要注意到：

①橱窗的高度最好在人流视线范围之内；

②季节性商品最好在提前半个月以上就陈列给消费者，最好是将受欢迎程度高及主打商品进行陈列；

③注意橱窗内的防潮、防腐、防盗、防风等；

④橱窗内的装饰物品不要过多，以免产生喧宾夺主的不良营销后果。

（2）内部设计

1）陈列设计

街道商店的内部设计是展示商品的场所，因此，售货区域是内部设计中最为重要的。我们不但要对商品进行合理地安排和摆放，同时，还要将消费者的购物心理与商品陈列结合在一起，特别是所卖商品要与商店风格保持一致，例如：销售的是较为昂贵的商品，那么商店的内部设计要较为有档次，以华丽为主。一般来说，有以下几点设计作为指导：

①横向陈列：顾名思义就是将商品分组横向陈列，引导顾客从左向右或从右向左的顺序观赏；

②纵向陈列：将商品按照包装结构的大小，纵向分布内容，引导顾客沿从上而下的顺序观赏；

图4-13 展会现场（二）

图 4—14　展位效果图

③集中化陈列：将体积较小的商品用分格的方式集中陈列，方便顾客按照商品的分类集中欣赏；

④根据人体高度及视觉可见范围进行科学的陈列，要根据所卖商品的不同种类设定陈列的高度，商品一般离地面 0.5～1 米高度为最佳陈列位置；

⑤把具有连带性消费的商品种类邻近设置、相互衔接、给消费者提供选择与购买商品的便利条件，并且有利于售货人员介绍和推销商品；

⑥如果商店以橱窗的形式进行陈列，可按照商品的性能、大小、用途、类型、季节性等特定因素分别组合陈列在一个橱窗内；

⑦将主打商品放在最为主要的位置，同时可以考虑扩大其所占空间；

⑧更新较快的商品，可用商品模型代替实物，例如：电子化商品、水果、蛋糕等。

另外，在陈列区域的装潢设计上，可以将陈列架的背景墙进行艺术的美化，可与天花板的设计做相应的呼应。如果商店以橱窗的形式进行陈列，可按照商品的性能、大小、用途、类型、季节性等特定因素分别组合陈列在一个橱窗内。

4.2.1.2　超级市场

超级市场已成为人们生活中最主要的购物场所，超市货物以日常用品相对集中、流通较快、选购商品方便、自由、快捷、价格透明等因素作为消费者购买其商品的主要目的。因此，我们在设计超级市场的营业空间时要把顾客自主性高、自由度高作为其主要的设计依据。

（1）外部设计

超级市场的外部设计与街道商店的外部设计基本相同，只是在店门设计上有所不同，一般的大型超市都有两个以上的店门（主、副店门），两个店门划分出主通道与副通道。主通道是顾客进门的主要路径主线，副通道是指顾客在店内移动的支流。超市内主副通道的设置不是根据顾客的随意走动来设计的，而是根据超市内商品的配置位置与陈列来设计的。良好的通道设置，就是要引导顾客自然

图 4—15　百货销售陈列

走向,选择所要的商品,最大限度地接触到卖场的各个地方,提高购买效率。

另外,超级市场的店门和通道要有足够的宽度,店门最好使用自动双开门,不但要保证人的正常通行,还要保证大型货物与购物车的通行便利,因此,宽度不能小于1米。有的大型超市会设计无障碍通道诱导顾客增长在超市的停留时间,在多走多看的同时增加购物量。因此,在通道内不能摆放与陈列商品或促销无关的器具或设备,最主要的是避免死角。

图4—16 水果销售陈列

(2)内部设计

超级市场的内部设计主要有两大块:陈列设计和收银台设计。

1)陈列设计

超级市场的陈列设计最为特殊,它主要体现陈列商品的容纳数量和不同商品的区域分布。同时,最为主要的是商品类别的分类,不同类别的商品忌讳放在同一个区域类,不但给顾客带来选购的不便、影响购物效率,还会破坏整个销售氛围。(见表4-1)

①一般副食品类:这类商品大部分保存时间较长,品牌种类繁多,注重包装上的设计,因此这类商品移动性不大,可以摆放在卖场中央,以纵向落地式为主,达到透视纵伸的效果,方便顾客选用不同的品牌。

②肉类:肉食品因为重量较大,有时需要冷冻柜,因此适合依墙而放,最好与同是生食类的蔬菜一起摆放,方便顾客选购。

超级市场商品所占比率　　　　　　表4-1

商品类型	面积比率
一般副食品类	20%
肉类	15%
水果蔬菜、面包类	15%
日用品	25%
日配品	10%
其他用品	15%

图4-17 蔬菜销售陈列

③水果蔬菜、面包类是超级市场利润较高的商品,特别是刚烘烤出炉的面包和色泽鲜艳夺目的蔬菜以展开陈列的方式呈现给顾客,充分吸引住了顾客的感官神经。

④日用品常常以促销的方式陈列给消费者,其陈列方式和一般副食品类的相差不大,都是根据顾客对品牌忠诚度进行商品的推广。

⑤把体积较大的商品放在入口处附近,这样消费者会用商场内的购物车购买大件商品,并推着手推车在行进中不断地选择并增加购买。超级商场购物通道的这一设计思路,是为了尽可能地延长消费者在售货现场的滞留时间。

⑥一些丢失率较高的商品会专门安排在一些特定的角落,例如:口香糖总是在收银台前,化妆品总是在门店内醒目的地方,起到防盗与顾客随意购买的双重目的。

2) 收银台设计

超级市场收银台设计是营业空间设计的一个重要组成部分,目前的收银台主要有三大类:单队单收银台、多队多收银台、单队多收银台三种。收银员普遍有筋肌劳损现象,长时间的站立也容易患上关节炎,这种疲劳状态最终导致收银员情绪不好,容易出错,造成不必要的损失。因此,收银台的设计最好是要符合人体工程学,尽量减少收银员的疲劳度和工作压力。在收银台的设计上有以下几个方面是需要注意的:

①收银台视觉识别设计要准确引导消费者的购行为,在视觉上能迅速刺激到消费者。由于超市货物品种繁多,色彩环境复杂,收银台颜色应当尽量简洁,顾客在嘈杂的环境中选购商品,在出口处希望得到安静与轻松,所以可以选择较为宁静的色调,如蓝色或绿色作为主要色彩识别;

②收银台要根据类型的不同进行设计,购物台不能太小,一定要保证放一个袋子的面积,节约收银员的装袋时间;密码器应摆放在收银台的外侧使用,能有效挡住后面顾客的视线,起到密码安全保护的作用;

③等候区要进行合理规划,通道不能太窄,要让后面的顾客能够预见收银台的工作情况,做到及时调整;

图4-18 松下洗衣机销售陈列

④条形码扫描应当合理放置，解放收银员双手，提高工作效率；

⑤显示屏装置要较为完善，要让顾客全面了解商品信息。

4.2.1.3 大型百货商场

大型百货商场主要以销售日用品及高档商品为主，因此楼层相对较高，可以很好地将销售商品与休闲娱乐完美结合在一起。所以我们不难发现，有些顾客一旦进入大型百货商场可以待上一整天，大大促进了消费。所以我们在设计其营业空间时，除了要吸引住消费者的视线，还应当尽可能地营造出轻松、舒适的购物环境。

（1）外部设计

大型百货商场的外部设计基本和超级市场的相差不大，除了更加注重多个店门的设计，体现其经营特色及其风格外，在霓虹灯和广告牌上也应当多加利用，制造出活跃的气氛，鼓励消费者进入商场。在选择商场整体区域方面应注意避免选择车流过大的区域，入口处要有明显的标识，最好没有门，道路和店内之间没有阶梯或坡度，方便顾客进入。特别是要注意入口处的清洁与明亮，营造出热闹的气氛，带动消费者行走流动，吸引更多商场以外的客人。

（2）内部设计

商场各层营业布局的规划一般应遵循以下原则：

一楼营业厅应保证客流的畅通，适宜布置购买时选择商品时间较短的轻便商品或贵重商品，如化妆品、珠宝、眼镜等；二、三楼气氛要稳重，适宜销售购买时选择时间较长、价格较高而出售量最大的商品，例如服装、床上用品等；四、五楼营业厅可分别布置多种专业性或运动类的柜台，例如运动器材等；六楼以上营业厅则可以销售需要大面积存放的商品或设置休闲娱乐区域，例如：电影院、饭厅、咖啡厅等；地下楼层一般用来开办超市。营业厅的一楼高度一般在5米左右，让顾客一进商场就能感觉到通透、宽敞，让琳琅满目的商品尽收眼底，二楼以上的楼层都在4米左右，可以节省建筑物空间，让购物环境较有稳定性。

图4-19 耐克专卖店

图4-20 卫浴销售空间

1）陈列设计

大型百货商场的销售模式与街道商店的销售模式有着本质的区别，大型百货商场的销售模式与销售空间成正比，销售业绩越好所占空间越多，以部门和部门相连的形式进行销售，一般都是同类商品之间品牌的竞争，因此，它在陈列方面的设计有以下几点不同的地方：

①将业绩最好的品牌商品做到最大限度地分开，将业绩不好的品牌安插在它们中间，以此增加客流量；

②把利润大的商品放在较为醒目的位置；

③相关联的商品接邻陈列；

④如销售频率高、交易零星、选择性不强的商品，其柜组应设在消费者最容易感知的位置，例如色温好的位置，以便于他们购买，从而节省购买时间；

⑤色彩丰富、挑选起来较为复杂的商品及贵重物品，例如：珠宝、首饰等，要针对消费者求实的购买心理，设在售货现场的深处或较为安静、顾客相对流量较小的环境中认真仔细地挑选。同时应该考虑，在一定时期内调动柜组的摆放位置或货架上商品的陈列位置，使消费者在重新寻找所需商品时，受到其他商品的吸引；

⑥随时改变商品的陈列位置，小修小改，随时进行，以货架移动、模特出样等不断进行调整，销售业绩好的时候可以不动，销售业绩滑坡时一定要改造。

大型百货商场可以根据商品类型或利润的不同划分出热区、暖区和凉区。作为划分商品商场区域分布的主要标准，其中热区是指销售业绩非常好的商品区域分布，是整个商场最好的地理位置；暖区一般指销售较为稳定的商品区域分布，大多分布在商场的主干道；凉区：顾名思义就是稳定性不强、利润较为薄弱的商品，商场地理位置普遍较差（见表4-2)。

2）收银台设计

大型百货商场的收银台设计与超市收银台的设计有一定的区别，主要表现在以下几点：

①更加注意提升企业的形象，收银台设计上无论是造型还是色彩的选用上都必须与企业形象一致。

表 4-2

	热区	暖区	凉区
高消费、高利润商品	★		
新产品、高利润商品		★	
常规型商品		★	
季节性、偶发型商品			★
促销型商品			★
节假日商品	★		

注：★为商品区域的分布。

②放置在较为显著的地理位置，例如商场电梯路口不远处，能够让上下楼的顾客知道具体的买单地点。

③大型百货商场的收银台在每一层每个主要位置都会设置至少两个收银台，很大程度地提升了商品的流通率。顾客在商场购物不像在超级市场，很多商品是带有选择性的，可买可不卖，这种设计方式可以起到加快顾客的结账时间，避免顾客因耽搁时间长而放弃购物的作用。

④大型百货商场一般都采用单对单的收银台，同时收银员可以坐着办理业务，因此在服务质量上相对较好，保证了顾客与服务人员和谐轻松的商业氛围。

总之，虽然对于商店卖场营业空间的陈列设计是最为核心和重要的，同时我们还应该兼顾灯光、色彩、气味、音响等效果的运用，创造销售氛围。商场应该重视照明的运用，好的照明可以提高商品的档次，特别是能给顾客制造出愉快、轻松的商业氛围，这样更能引起顾客的购买欲望。商场内部的色彩搭配是否得当，对消费者和售货员在购买活动和销售活动中的情绪调节具有很大意义。商场可以利用色彩对比来突显热区商品、不同季节或促销商品的色彩，增加商品与消费者之间的情感。

3）音响设计

音响是烘托商场气氛的一项有效方法，它不但影响消费者的情绪和服务人员的工作态度，同时，音响运用适当，可以达到以下效果：

①诱导顾客购买商品，如电视、音响、电脑等需要音效的商品。

②吸引顾客选购商品，商场向顾客播放商品展销或优惠出售信息，可引导顾客选购，增加销售业绩。

③烘托良好的商业氛围，增进与顾客的精神交流。随着时间的不同，商场定时播放不同的背景音乐，不仅给顾客以轻松、愉快的感受，还会刺激顾客的购物兴趣。如重大节日时，播放喜气蓬勃的音乐；早晨营业时播放欢快的迎宾乐曲；临打烊时，播放轻缓的送别曲等。商场内如出现嘈杂的声音，如柜台前的嘈杂声、机械的声响，都可能使顾客感到厌烦，有些虽然可以采用消音、隔音设备，但也不能保证消除所有干扰声响。因此，可以采用背景音乐缓解噪声。背景音乐要选择旋律轻柔舒缓的，以营造温馨的购物气氛。

4.2.2 会展空间设计

不同于卖场设计，会展空间更多地侧重于品牌的营销。与产品设计类似，品牌的环境识别系统中会展设计更多地侧重于一种品牌与顾客之间的交互性设计，即可以把会展空间理解为另一种层面的产品展示，客户将在这样的空间中体验到不同品牌所传达出的不同品牌文化，并最终对品牌产生自己独特的立体的认知和理解。

要了解会展设计，首先要明确展示的含义。展示，即在一定的空间环境中，采用一定的视觉传达手段，借助一定的展具设施，将一定的信息和内容展示于公众面前，达到指引客户、传达信息、沟通合作等主要目的，并以此对观众的心理、思想和行为产生重大影响。

人们总是处在各种各样的空间之中，对于展示空间的定义，广义上的展示空间可以囊括生活中各种各样的信息空间。这种信息的概念范畴可以延伸到整个宇宙，人们在庞大的空间中的各种行为活动产生了各种的信息，从卫星观察地球时，地球本身就是一个巨大的展示空间。狭义上的展示空间小到生活中一个安装了传媒电视的电梯都是一个展示的空间。对于有各式各样具体需求的人来讲，作为宇宙的空间则显得太抽象，只有我们的思想和行为界定出的可以看得见摸得着的实实在在的空间才显得离生活更近。

图4—21　家居卖场效果图

▶▶▶▶▶▶▶▶▶▶

从空间形态上来看，展示空间可以分为实体展示空间、虚拟展示空间和感觉体验式空间三种类别。

在现实生活的专业规范中，主要包含以下几种情况：

（1）展示会：博览会、展览会、交易会等；

（2）展示场：竞技场、剧场、商场等；

（3）展示馆：博物馆、美术馆、图书资料馆、水族馆等；

（4）展览馆、纪念馆等；

（5）展示园：动物园、植物园、名胜园。

4.2.2.1 展示空间设计主体发生变化

现代展示空间已经不同于传统的展示空间那样常常使功能传达分离，传统的展示空间中更多是简单视觉形式的传达，很少出现功能的传达，那是一种简单的视觉信息功能体验。

现代展示空间的展示手法各种各样，展示形式也不固定，展示媒体增加且复合化，沟通的管道也渐渐多元化，而动态展示则是现代展示空间中备受青睐的展示形式。它有别于陈旧的静态展示空间，采用活动式、操作式、互动式等展览形式，观众不但可以触摸展品、操作展品、制作标本和模型，更重要的是可以与展品互动，让观众更加直接地了解产品的功能和特点，由静态陈列到动态展示，设计者的注意力已经从单纯的"物"转移到"物"与"人"的关系上来，动态的展示空间能调动参观者的积极参与意识，使展示活动更加丰富多彩，最重要的是给观众带来新的信息传播方式的体验。

4.2.2.2 人是展示空间设计的主体

日本设计师深泽直人（Naoto Fukasawa）说过这样一句话："在日本，物与环境之间的关系比物体本身更重要，物体是和谐的一部分，我开始停止仅是有趣的外形构想而开始考虑物体之间的关系。"传统的展示空间大都是停留在外形构想的设计层面，而动态的展示空间，通过多种媒体，例如利用电脑制作出的音乐，利用人造灯光或者自然光线营造出一个小的展示空间，等等。这些动态的展示方式其目的无疑都是通过创造新奇的展示空间吸引人们的注意力，这些都表明展示空间设计的注意力已经从"物"转移到"人"。

4.2.2.3　展示空间设计复杂化

传统的展示空间多以视觉为中心，通过新奇的视觉表现形式来吸引在展示空间中移动着的观众，而现代展示空间是一个多元构成的高度统一体，其每一个部分都可能是信息的载体，不单单依靠文字和图形，空间里的所有形态、材料、色彩和灯光都共同担负着传递信息的任务，都是信息的象征性表述，通过视觉、触觉、心理感觉等全面地考虑到处于展示空间中人们的感受。从简单的"看"发展到"看、听、想"，这是一个设计上的进步和飞跃，利用展示空间中有限的信息去引发人们更多的思考，将本来没有的移动视觉主体也作为展示空间中的一部分进行考虑，把已知的事物未知化，这本身就是一种创造。

世界博览会（下面简称世博会）是体验式空间展示的典型代表，有着空间大、技术新的特点。即便如此，它的展示空间也是有限的，更大的展示空间则可以容纳更多、更加复杂的信息载体。新的材料工艺、灯光技术、新传播媒介、新型的电子显示手段、新的输入输出技术、新的布展系统和装置都为多元化的展示空间设计提供新的可能，也使得展示空间设计从单一的视觉信息体验开始走向多元复杂化的感官体验。

（1）静态实体展示空间

展示活动中，由于展示载体和展示手段的日益丰富，新的材料技术、新的视觉形式、新的感觉形式，乃至新的展示方式都已出现。新的展示方式所承载的信息越来越多、越来越复杂、也越来越容易让人接受。作为基本的平面视觉，他的展示方式的形态表现力求使展示空间内的所有形态都成为表现性元素，都能传递展示动机多要求的特定信息，是一个特定信息的符号，使功能性和表现性融为一体。但是，它的功能是单一的，诸如此类常规的实体展示空间形态有很多，例如柱子、墙体、顶、展架、展柜、展台，甚至一个供人们在休息或交流时用的凳子，这些都是展示空间里表现、传达、交流信息的实体展示元素。

展板的优势在于利用最基本的视觉化传达信息方式，通过文字、图片表达设计者的思想和意图，可以让人们在

>>>>>>>>>>

观察时很直接地看到信息，但大面积地使用图片、文字这样简单的信息传达方式本身是存在一定问题的。由于人们在展示空间中移动并获取信息的时候，面对大量相同的表现形式，会很自然地出现疲劳的现象，慢慢地会产生枯燥厌烦的感觉，这是一个无法回避的过程，因为很难让一个人在面对大量展板的时候始终保持一样的观赏兴趣，即便他是很有目的性地去搜寻一些他所需要的信息。

除了展板以外，实体的模型也是较为常见的展示空间设计方式，作为展示空间中的信息传播实体，实体模型的展示可以使得原本枯燥的文字图像开始变得富有空间感，也带来了一种身临其境的感觉，实体模型的展示方式相较平面展板更为立体、生动、贴切。这样的实体展示空间表现形式使得传统的简单实体模型的功能由单一变得丰富，但它依然是依托于实物的展示空间，缺点也是显而易见的。精致的模型常常也带来了高额的生产成本，并且难于移动，体积和重量的因素使得它比展板更加不灵活，需要占用更多的展示空间。更重要的是模型作为实物载体所包含的信息传播到观众那里，很难引发与观众更多信息交流和互动，除了基本的形体中所包含的视觉信息体验，能给观众带来的其他体验可谓少之又少。

诸如此类的实体展示空间设计的形式还有很多，只作为展品的实物、吊顶的灯光布、浮雕、雕刻、壁画、石刻等各种实体展示空间。

图4-22 服装专卖（一）

以上的几种展示空间设计的方法也是在各种展示空间中经常能见到的。不可否认，实体空间给观众所传递的信息是最直接的，是视觉化的信息空间，信息的传递方式是呈单向的"信息——观众"。在这样的展示空间中，人永远作为一个观赏者存在，展示空间更多是通过视觉化的"平面"作品来传播信息，作为一种长期的展示考虑，这种展示方式无可厚非，它们几乎是一次性安装成型并且难以移动的，因此都缺乏足够的灵活性，展示空间传递的信息和实际效果都很有限，作为非商业性展示空间，在没有各种展示活动的时候它的空间有效利用率是很低的。实体展示空间作为展示空间设计的一种主要形式，它所带来的体验更多的是无趣和枯燥。

（2）动态虚拟展示空间

除了前面说的实体展示空间，虚拟展示空间也是一种常用的空间展示方式，南京城市规划建设展览馆中有相当一部分是采用的虚拟技术的展示方式。高新技术被广泛运用在虚拟展示空间中，比如计算机程控技术、多媒体技术等。

高科技手段的应用，大大增加了展会空间与顾客的互动性，人们可以亲自体验不同的产品在虚拟环境下的使用，这种相对间接、隐蔽的品牌传播方式，相对于展板、模型有着不可比拟的优势，顾客往往在体验的过程中潜移默化地接受了品牌的概念，也逐渐在内心开始构建对该品牌的概念。

虚拟展示空间带来更多的是信息传播的一种多维体验，而且这种体验是感官的，不只是简单的视觉信息传递。现代展示空间中展示活动的综合性越来越强，观众已经不满足做被动的信息接受者，而更多的是想参与其中，在轻松的环境中接受信息的传达，这也对展示空间的设计提出了新的要求。

在上海 2010 世博会，春秋两季糖酒会等展会中，不同的国家馆、企业馆或参展企业，越来越多地利用静态和动态相结合的复合型展示方式向顾客推销其品牌概念。在世博会中，法国馆和意大利馆就充分体现了文化在其国家品牌形象中的重要性，而德国馆和日本馆则将现代科技对人们生活的影响体现得淋漓尽致。在企业馆中，中国传播通过一系列的实体模型展示配合最后的大型企业品牌宣传片为参与者传达了中国船舶集团肩负民族振兴的历史使命的正面形象。

图 4—23　服装专卖（二）

4.3　商店卖场的色彩运用

具体空间的内部设计，色彩无疑是最重要的部分，合理地色彩搭配是对品牌价值的良好表现。

色彩识别一直以来是空间识别要素中最为重要的，如何能在有限的空间里吸引消费者注意力。色彩从中发挥了

>>>>>>>>>>>

至关重要的作用。因为空间设计中的色彩识别是整体品牌识别系统的体现，从属于其中。在品牌销售空间中，色彩在环境中的运用一直以来是辅体设计中最为主要的元素，它的作用和价值是灯光、装饰、声音、道具等不可比拟的，常常可以做到出奇制胜。

4.3.1　色彩在商店卖场中的功能体现

在商店卖场中，色彩的运用范围极其广泛，不仅包含了主体设计和辅体设计中建筑实体的色彩，同时还涵盖了装饰色、内含物色和环境色等。色彩在创意概念的开始便运用在其中，在准备阶段中，主要体现有：

（1）生理方面：

1）色彩要表达出设计者的理念和店面的风格；

2）色彩具备区分卖场不同内容与目的的功能；

3）对商店卖场空间设计起到协调统一的功能；

4）商品的颜色往往受到色彩和光源的影响，因此色彩可以起到设计照明的功能。

（2）心理方面：

色彩在人们心理方面的影响主要是指对商店卖场气氛的营造。我们在设计时应该科学地利用好色彩，将色彩的物理效应发挥到极致，让不同的色彩组合，表现出不同的情感和气氛。

1）重量感——色彩的重量感主要取决于明度和纯度，明度和纯度低的就显得重。在卖场中如果降低色彩的明度或纯度，使色彩变得较为华丽和沉重可以强化卖场的体积感和重量感，达到稳定色彩，让顾客安心选购的作用，也是我们最常见的卖场色彩设计；另外，商店卖场色彩过于沉重会显得压抑，可以将天花板、墙壁、地板的色彩加以浓淡配合，增强其活跃的气氛。

2）距离感——色彩可以营造进退、凹凸、远近的气氛。一般暖色系和明度高的色彩具有前进、凸出、接近的效果，而冷色系和明度较低的色彩则正好与之相反。室内设计中常利用色彩的这些特点去改变空间的大小和高低。

3）尺度感——色彩对物体大小的作用，包括色相和明

图4-24　Apple专卖店

图4-25　服饰专卖（一）

图 4-26 服饰专卖（二）

度两个因素。暖色和明度高的色彩具有扩散作用，因此物体显得大，而冷色和暗色则具有内聚作用，因此物体显得小。不同的明度和冷暖有时也通过对比作用显示出来，室内不同家具、物体的大小和整个室内空间的色彩处理有密切的关系，可以利用色彩来改变物体的尺度、体积和空间感，使室内各部分之间关系更为协调。

4.3.2 色彩在商店卖场中的合理运用

色彩在商店卖场中的合理运用主要体现在三个方面：

（1）制定规范的标准色，统一视觉识别

规范标准色要根据企业特征制定出统一的视觉识别。同时，要根据商店卖场不同楼层或不同的位置有所变化，可以形成不同的风格，使顾客依靠色调的变化来识别楼层和商品部位，唤起新鲜感，减少视觉与心理的疲劳或根据色彩的三大属性对卖场进行功能区域的区分。

例如：商店卖场的实质就是最大限度地扩展销售，因此，我们可以选用让人较为兴奋的高明度色相运用在台布或壁面上刺激消费者的购买热情，加快购物速度。另外，卖场规范的标准色可以根据不同的季度、变更的商品及其不同时期的"流行色"加以改变。例如：出售夏季用品时，店内可采用天蓝色进行装饰，以表现海水、天空，突出清凉通透的感觉；根据对国际色彩信息的捕捉或市场调研了解顾客对某种商品的色彩偏好及其敏感度，分析出不同时期的"流行色"，采用这个时期的"流行色"布置女士用品场所，能够刺激购买欲望，增加销售额。

（2）科学地运用色彩的搭配组合

顾客进入商店卖场的第一感觉就是色彩。精神上感到舒畅还是沉闷都与色彩有关。在商店内部恰当地运用和组合色彩，调整好店内环境的色彩关系，对形成特定的氛围空间能起到积极的作用。

1）冷暖色调的搭配组合

按照各种颜色对人们造成的基本不同感受常分为暖色调和冷色调。暖色调主要有红色、黄色和橙色，给人活泼、随意的感觉；而冷色调有蓝色、绿色和紫色，给人一种比

图 4-27 家具卖场

较清爽、舒适的感觉，只要应用得当，冷、暖色调均可创造出诱人的商业氛围。比如：在卖场墙面过窄的地方选用较为浓厚的暖色系作为基本色，而用较淡的冷色系作为宽墙的基本色，比较淡的中等色调（如灰色）用作固定设施的颜色，这种色调让人感觉到温暖柔软，并且保证其同类商品能较为紧密地结合在一起。再比如：商店卖场的营业厅，入口处顾客流量多，应以暖色装饰，形成热烈的迎宾气氛；也可以采用冷色调装饰，缓解顾客紧张、忙乱的心理。

2）互补色的搭配组合

互补色是一种原色与其他两种原色、间色的对比，因此色相差别极大，对比效果强烈刺激。在商店卖场空间配色时要注意纯度及面积的变化，常常需要加入其他过渡色，使反差相对弱化，使人能够接受。一般较为新潮的青少年用品店多用于互补色的搭配组合。那么，在色彩调和方面我们可以参考以下几点加以指导：

①在对比强烈的补色双方扩大其中一色的面积，以占有80%优势的量以获得调和；

②用分离补色的配色方法使之调和；

③互补的双方改变其中一色的明度、纯度取得调和；

④互补色双方渐变、互混、间隔都可达到调和。

3）色彩明度和纯度的合理运用

色彩的明度同纯度在一定程度上让顾客对一些实物的大小形成错觉。明亮的颜色往往使人感觉到实物的硬度，而暗色则让人感觉较为柔软。怎样让色彩真正做到整合规范化就要对色彩的纯度加以调和，例如：纯度高的颜色强烈刺激，使人印象深刻，也容易生产厌倦，那么在商店卖场中就要加入适当低纯度颜色的配合才能使整个卖场环境细腻、含蓄、耐着持久。例如：商店卖场在地下的话常常会让人感觉阴暗、过于沉重，如果运用较为高纯度的浅色系装饰地面和天花板可以让顾客感觉清晰和轻松许多。另外，色彩的组合要将色彩的三大属性自然过渡，掌握住其中的韵律和节奏。因此，卖场中应当避免使用过多的颜色，尤其是标准色不要超过三个以上，同时兼顾到避免大面积使用高明度和高纯度的颜色，以免杂乱无序、破坏整体效果。

图4-28 服饰专卖（三）

(3)商店卖场色彩运用的分类

无论色彩如何选用和搭配，无非是为空间设计所服务的，其最为主要的目的就是为了美化环境、促进消费、留住顾客。因此，作为设计者应该时刻关注色彩的流行走向，抓住顾客对色彩的敏感度，运用科学的物理感知设计出适合品牌销售空间的卖场环境。

4.4 商店卖场的照明设计

照明设计的实质就是灯光设计，它已经成为当今社会一个新兴的设计行业，是空间辅体设计中必不可少的一部分，在完整的光环境设计（自然光亮、人工照明）营造位置中一直居于首位，更是衡量一个城市发展程度的重要标准。照明设计必须在规定的空间、场所、使用的对象上选配相宜的灯具，并保证恰当的照度和亮度。

那么，在商店卖场中照明设计最为重要的功能是什么呢？首先，我们要了解，商店卖场的本质目的就是竭尽所能地销售商品。那么，显然商店卖场的首要任务便是吸引顾客的光临，将顾客的视线吸引到商品上，激发消费者的冲动购买欲；其次，便是为顾客和卖场员工的生活安全提供保障。

4.4.1 商店卖场照明设计的分类：

商店卖场的照明设计如图 4-30 所示，主要分为四个方面：普通照明、建筑照明、特殊照明和重点照明。作为照明设计的四大分支，它们之间相辅相成，起到了丰富空间层面、表现卖场风格、提高卖场可识别性、柔化空间质感（装饰性作用）等用途。光线的平均分配、没有重点、没有主次，

图 4-29 服装专卖

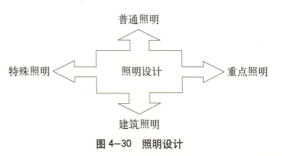

图 4-30 照明设计

是无法吸引住顾客的购买欲望的。

4.4.1.1 普通照明

普通照明是商店卖场不可缺少的照明手段，也是我们最常见的卖场照明。在照明设计中，把握住了普通照明，就等于抓住了卖场整个照明设计的走向，因此，普通照明设计的重点就是能稳定住卖场的整体光源、达到照明的均衡。普通照明一般运用在卖场的出入口和主要通道，多采用日光灯、灯管的排列走向最好是能与陈列品的一致。

方向

普通照明的方向一般以斜上方和正前方为主，这两种照明方式不能起到突出商品的作用，但是却能起到均衡光源、营造出极其自然的照明氛围。

光亮指数

普通照明光亮一般在 300 ～ 1000 勒克斯（LX）左右（商场超市在 700LX 以上，百货商场和专卖店在 300 ～ 750LX 左右）。

图 4-31　形象店门头

4.4.1.2 建筑照明

建筑照明主要是指在建筑物以内的景观环境的灯光设计。设计师在设计建筑照明时应当把建筑的轮廓与照明相结合，发挥各自的特长，对建筑物的元素或特色有选择地进行照射以表现出非常有空间感的环境。因此，在商店卖场中建筑照明一般采用间接照明的方式——将光源隐藏在天花板或墙壁内，借由反射亮度照明的方式，增加天花板或墙壁的明亮度，使空间感觉更加宽敞。

4.4.1.3 重点照明

重点照明是商店卖场四大照明设计中最为重要的部分，商场照明的具体设计都是围绕着它展开的。将商品最大限度地呈现给顾客是陈列设计的首要任务，照明在当中就发挥了相当大的作用。重点照明就像一个调色盘一样，可以制造出各种不同的灯光色调，为商品增加一道光鲜的外衣，从而强化顾客的购买意愿。

重点照明主要分为两个组成部分：

（1）陈列照明一般采用圆柱形聚光灯（宽/窄）作为主要的灯具材料，上方再以聚光灯提供辅助光，其目的就

图 4-32　服装专卖店

图4-33 红酒卖场

是为了将光线集中在商品上，凸显商品的外观、结构、颜色及其质地。陈列照明一般采用直接照明的方式。

方向

陈列照明的方向一般有两种：

1）从正上方照射：这种照射方式可以凸显商品贵重、神秘的感觉，一般高档、高价位的商品多用此种方式。例如：首饰、珠宝等商品。

2）从正后方照射：这种照射方式可以凸显商品的外部结构，需要特别强调商品外形或离橱窗较远的商品可以运用这种方法。例如：手机、照相机等电子化商品。

陈列照明的亮度一般是普通照明的2倍左右，它除了吸引店内顾客的眼光，同时也能让店外行人清楚看到店内的陈设，例如橱窗照明的亮度就比卖场照明高达2～4倍，从而真正起到推销商品的作用，所以它必须具有足够的光亮；架式壁面陈列的每一层都需要相同的高亮度灯光，多使用日光灯或聚光灯来补足亮度，至于墙壁的展示陈列，可利用托架灯或聚光灯，以增加商品的价值感。

（2）商品照明

商品照明主要是通过宽光束的聚光灯或是可调节点光源的下射灯来完成的。宽光束的聚光灯因离货架较近，能产生光照均匀的效果而被人们广泛使用。另外，可调节点光源的下射灯制造商品的阴影和闪光点，增强空间的层次感和商品的立体感，这种方法也被大家广为使用。如果卖场周围有柱子运用到照明设计效果将极佳，因为商品本身可以利用托架灯或吊灯作为光源，与柱子产生明暗反差强烈的立体效果。

4.4.1.4 特殊照明

特殊照明与重点照明的实质不同，重点照明是为了将商品更好地展现给顾客，所以，它的重点是商品，而特殊照明的重点却是为了吸引住顾客，不一定要对商品本身进行照明。特殊照明越来越多地运用在较为高级的商店卖场中，充分利用灯光艺术手段来雕塑空间，从而营造出具有艺术感和商业气氛的卖场环境。例如：我们常见的一个方法就是在天花板或墙壁上安装可产生图案的极窄光束的聚

图4-34 服饰专卖效果图

光灯，营造出美轮美奂的视觉效果。

另外，商店卖场的照明方式主要由以下几个部分组成：

（1）直接照明

光线通过灯具射出，直接照明在陈列品上，其中90～100%光线到达假定的工作面上。

（2）半直接照明

半直接照明方式是半透明灯罩材料造成的，使60～90%的光源以扩散的方式照射到假定的工作面上，而10～40%的光源则由半透明的灯罩向上漫射，利用托架照明或垂吊照明的灯具较多，其光线比较柔和，因而能产生较高程度的空间感。

图4-35 厨具专卖效果图

（3）间接照明

间接照明又称建筑照明，是将光源遮蔽而产生的间接照明方式，指90～100%的光线通过天棚或墙面反射作用于假定的工作面上，10%以下的光线则直接照射到假定的工作面上。

（4）半间接照明

半间接照明是指光源有60～90%的光线是经过反射照射在物体上的，10～40%的光线则直接照射于物体上的照明类型。这种照明类型能产生比较特殊的照明效果，使较矮的展厅或室内有增高的感觉。

（5）漫射照明

漫射照明类型是利用灯具的折射功能来控制眩光，使40～60%的光线向四周扩散漫射，而有40～60%的光线是反射后再投射在被照物体上的照明方式。这种照明光线性能柔和，视觉舒适，但光线亮度较差。

（6）集束照明

集束照明是指采用多组灯光交叉射向陈列品，光亮非常强烈。

4.4.2 商店卖场照明设计与色彩的搭配运用

色彩离不开光源，没有光就没有色彩，照明色彩的运用是照明设计中的一个重要环节，一个标准的光源中包括光源的光谱、光源的亮度、光源的柔和性、光源的色温以

图4-36 服饰专卖（四）

及光源的显色指数等。光源的色温主要分为：大于5000K的冷感色温，3000～5000K的中间色温和小于3300K的暖色温。研究表明，低色温让人感觉温暖，高色温给人以刺激，而高色温的光在低照度下让人感觉低沉阴暗，高照明下让人感觉愉快等。

（1）不同色温的光源

不同的光源具有不同的色温，例如：白炽灯为暖光，适合暖色系产品；而荧光灯为冷光，可使白色和冷色调的商品更加具有个性。因此，利用不同的灯具，经由人为的调节，可以营造不同的气氛，使之显得清凉或温暖，高贵或活泼等。

（2）科学运用色彩与灯光的搭配

在商店卖场的照明设计中，我们应当科学地运用色彩对人视觉生理及其视觉心理，改变色彩的三大属性及其冷暖、体积等的关系，满足消费者的审美需求。主要方法有以下几种：

1）增强商品的色彩与质感：可以经过暖色光照射在暖色调的商品上，再一次加强商品的色彩效果，经由玻璃器皿或有光泽的物品反射的光线，更增添了商品的精致与高贵；

2）照明强度反映店铺的品位，即越高级的商场其光线越柔和，光源色越暖；

3）装饰陈列台如铺上色彩鲜明、动人的光的三原色（红、绿、蓝）之一，使用聚光灯的照明，会呈现出一片生机勃勃的卖场环境；

4）高强度照明不等于有效照明，因此，要根据商品展示的视觉需要进行设计；

5）较低的天花板卖场适合使用下照灯，增强暖色温、加大光照面积，否则光线会不够明亮，产生压抑感。

5　CI 品牌设计的管理和实施

5.1　品牌的战略管理

越来越多的企业开始认识到,拥有卓越的品牌已成为它们最有价值的财富之一。品牌为什么重要?它到底有什么作用?不论对于消费者还是公司企业,都有着十分重要的意义。而品牌战略管理作为品牌管理的一个重要分支,也起着举足轻重的作用。品牌战略管理是指品牌管理者在品牌规划的指导和约束下,在实际的品牌管理过程中根据品牌环境和资源条件的变化,对关于品牌未来发展方向的重大问题进行决策并实施监控。品牌战略管理的目的是通过外部交易和内部约束提升品牌的核心竞争力,提高同一组织的不同品牌之间、不同组织的品牌之间的战略协同能力,保证品牌资产的增值。

本章主要围绕品牌延伸管理、品牌多元化管理、品牌群整合管理、品牌联合管理以及品牌生命周期管理来展开说明,帮助品牌管理者掌握相应的品牌战略管理运作的价值,在提高他们品牌战略管理能力同时,为其品牌规范管理和品牌运营管理的能力和作业水平提供基本的保障。

5.1.1　品牌文化

"品牌文化是一种新的现代企业管理理论,企业要真正步入市场,走出一条发展较快、效益较好、整体素质不断提高、使经济协调发展的路子,就必须普及和深化品牌文化建设。"品牌文化是品牌发展的原动力,是品牌成熟的标志,是市场对品牌的要求,没有品牌文化就没有竞争力。随着经济的快速发展,品牌文化的意义和重要性,被越来越多的企业所认知。

图 5-1　必胜客

5.1.1.1 建设品牌文化的意义

首先,能得到企业员工广泛认同的价值观。无论是企业家,还是普通的员工,如果对自己企业的品牌文化没有深刻的理解和认知,要想大展宏图是不可能的。从某种意义上来说,品牌文化就像是企业的精神家园,充实和丰富着企业乃至企业每个人的思想;其次,它能使品牌产生不可复制的竞争力。其实质就是具有一种不可复制的竞争文化、品牌文化。

5.1.1.2 品牌形象与品牌文化

品牌形象是指人们通过品牌的各种标志而建立起来的对品牌的总体印象,是品牌文化建设的核心。品牌形象是企业精神和文化的一种外在表现,将精神文化赋予品牌,能使品牌产生深远的意义和价值。

1)视觉形象——品牌文化的"脸"。这好比我们观察一个人,第一印象往往很重要,品牌形象也是,一个好的品牌形象,能够吸引顾客的眼球和关注力。视觉形象作为企业形象的外在表现主要包括企业以及所属品牌的LOGO、广告,产品的包装、宣传的标语、纪念品等看得见、听得到的部分。品牌风格作为企业形象的视觉表达方式,可以有效地承载企业文化和企业精神,通过形状设计、色彩设计等方面表达出品牌属性及文化内涵。

2)行为形象——品牌文化的"手"。主要是指企业制度、行为规范等因素构成的形象。主要对品牌的管理,制度的制定和执行以及采购、销售、广告、宣传等方面的活动。通过具体的行为来表现构建企业完整的形象系统。

3)理念形象——品牌文化的"核心"。品牌理念形象是由品牌宗旨、品牌精神、品牌道德风气等精神要素构成的形象。较视觉形象和行为形象而言,理念形象是企业文化的精神体现,在树立理念形象时,应从品牌的主要受众人群、品牌自身资源的评估甚至品牌的主要竞争者来研究。独特的理念形象能彰显品牌的核心价值,为企业文化和品牌推广打下良好的基础。

图5-2 餐饮空间

5.1.2 品牌延伸战略

如果一个公司采用一个已有的品牌作为刚推出的新产品的品牌，这种做法就叫做品牌延伸。而品牌延伸策略就是将现有的成功品牌，用于新产品或修正过的产品上的一种策略。在品牌延伸的具体操作中，不只是简单地借用原有品牌的名称，而是整个品牌资产的战略性使用。

图5-3　宝马 logo

5.1.2.1　品牌延伸的优点

精心策划，良好实施的延伸有以下优点：

（1）可增加新产品的可接受性，减少消费者的感知风险。一个知名或受欢迎品牌的优势，就是消费者形成了对其品质的产期预期。与此类似，对于品牌延伸，消费者也会根据自己对品牌本身已掌握的信息，以及它们认为该信心与新产品的相关程度，对新产品的结构和品质做出推断或形成预期。比如，当某公司推出一款智能手机时，如果将这个新产品冠以该公司品牌，消费者就会出于以前使用其他该公司产品的经验而犹豫，而该公司将其新产品冠以一个全新的品牌时，消费者对它的预期品质就会感到放心。

（2）提高包装和标签的使用效率，满足消费者的多样化需求

品牌延伸采用类似或相同的包装或标签，可以降低成本。而且，如果它们彼此相互协调，还可以创造出"连锁效应"，加深消费者对其设计的印象，提升品牌在市场中的地位。随着人们对产品的需求不断增多，在某些产品中，为了更有效地展开竞争，也有必要发展延伸项目，以形成一个完整的产品线。

（3）丰富原有品牌形象，扩大品牌的市场覆盖面。品牌延伸通常是通过建立核心品牌联想对原有品牌形象产生影响。核心品牌联想是指那些在品牌线中表示所有产品特征的特质和优势，例如耐克已经从跑鞋延伸到了其他运动鞋、运动衣，甚至运动器械，并通过这一延伸过程加强了其"运动"和"耐克精神"的传播。

（4）为品牌注入新的活力，为后续延伸作铺垫。有时

图5-4　Coach 包

品牌延伸可以作为提高品牌兴趣和增加吸引力的手段。它也可以作为后续延伸的基础，使得品牌更加完整。

5.1.2.2　品牌延伸的原则

（1）品牌是否具有强大的认知度

品牌延伸的一个重要前提就是目标品牌具有较高的认知度，以及延伸产品是否能够借助原有品牌的声誉和影响迅速打开市场。如果品牌延伸借助的认知度不高且受到众多同行品牌的挑战，那么这种品牌延伸就存在很大的风险。

（2）品牌识别元素是否适用

品牌识别元素包括品牌名称、标志、色彩、口号等，还包括价值诉求、个性服务、情感功能等。进行品牌延伸，必须区分哪些元素是品牌延伸识别，哪些是品牌的核心识别。例如，我国的茅台酒是中国酒文化的代表，若对其品牌向葡萄酒方向延伸，其产品识别元素就显得不那么合适。

（3）回避高度定位的品牌

如果某品牌已经成为某个行业的代名词，这说明消费者已对这个品牌确定了固定联想和价值，在通常情况下，一个在人们心中完整的形象是很难被新的形象所取代的。例如肯德基、麦当劳是食品快餐业的代表，消费者就不会接受将其作为美容业的象征。

5.1.2.3　品牌延伸的类型

（1）同域延伸是指品牌延伸的新领域与其原来领域处于同一行业内的品牌延伸行为，一般发生在品牌的高速成长期。在此期间，品牌可以充分利用已建立起来的品牌声誉吸引原有消费者选择自己的新产品，从而扩大经营范围，获得更广的收益渠道，品牌成长的空间也更为广阔。在数码行业，由蓝色系向灰色、黑色、白色等系的延伸可作为同域延伸，由大家电领域向小家电领域的延伸也可视为同域延伸。

（2）相关延伸是指品牌延伸的新领域与原有领域处于相关行业内的品牌延伸行为，一般发生在品牌成长期的后期和成熟期的前期，其最显著的特征是相关性。品牌管理者可以借助自身品牌拥有的优势将原有品牌延伸到新的领

图5-5　企业视觉规范

域，从而扩大品牌领域，许多医药品牌将药品领域延伸到保健食品领域就是很好的例子。

（3）异域延伸：指品牌延伸的新领域与原有领域完全不相关的品牌延伸行为，一般发生在品牌成熟期的中后期。由于重合度要求较高，两个甚至多个资源要求和经验完全不同，延伸起来相对难度较大，所以异域延伸更多地成为高端的奢侈品领域。比如一些奢侈品行业，例如珠宝品牌就可以向手表、服装、箱包等领域延伸。[1]

5.1.2.4 一些"成功的"品牌延伸

高露洁品牌

高露洁品牌的战略地位。在产品层面，高露洁推出了具有广泛覆盖面的产品定位——"我们的目标是没有蛀牙"。这个广告诉求其实是几乎所有牙膏产品面临的产品主题，高露洁以此为口号，实际上就已经向全行业发起挑战，其立意之大气绝对让竞争对手敬畏。经过100多年的发展，高露洁产业从口腔护理品延伸到个人护理品、家具护理品、织物护理品以及牙刷等使用工具领域，是企业品牌延伸的典范。如今，高露洁产品的海外销量占总销量的70%，其中中国是其主要的市场，这一业绩应当归功于100多年来在全世界倡导口腔健康教育，促进提高人们口腔意识的系列活动。一句简单的口号背后往往承载着很大的责任和投入。

图 5-6 Estee Lauder 护肤品

5.1.3 品牌整合战略

"我不知道您是谁。
我不了解您的公司。
我不清楚贵公司的产品。
我不知道贵公司代表什么。
我不了解公司的客户。
我不了解贵公司的历史。
我不清楚贵公司的信誉。
那么，您想卖给我什么呢？"

这是麦格劳·希尔的一组推销广告的内容，其目的就是要告诉人们在品牌产品销售人员拜访之前，销售就已经

图 5-7 Lancome 产品系列

---

[1] 陈云岗．品牌管理 [M]．北京：中国人民大学出版社，2004．

图 5-8　Chanel

开始了。品牌无形的资产引导着人们的观念甚至购物动向。在品牌管理中，品牌群整合是一项复杂的系统管理工程。需要对目标品牌的环境、资源、资产进行全面剖析和定位，再综合企业发展的战略要求，对整个品牌进行梳理、优化和调整，是为了维持和提高企业的长期竞争优势而开展的工作，把品牌管理的重点放在建立企业"旗帜品牌"上；明确企业品牌或"旗帜品牌"与其他品牌的关系，使品牌家族成员能够相互支持；充分利用企业现有品牌的价值和影响力来进行品牌扩张。

5.1.3.1　三大模块

成功的品牌群整合管理是建立在品牌谱系调适和约定的基础上展开的。品牌群整合的三大板块包括品牌结构整合、品牌资源整合和品牌形象整合。

品牌结构整合是品牌群整合管理的主题内容，包括对当前品牌结构的相关性、风险性、收益性的评价。"欧莱雅"对"羽西"和"小护士"的并购，是企业管理者切入中国低端化妆品市场的战略表现。品牌结构整合可通过多品牌整合，寻找差异，吸取优点，制造卖点来吸引顾客。在国内企业中，科龙集团尤为典型，在科龙集团旗下，拥有科龙、容声、华宝等品牌，并使用多品牌战略进行管理。品牌资源整合是在品牌结构整合的基础上展开的，从产品供应资源、市场营销资源、形象传播资源和组织运营资源四个方面对各项资源的盘存、梳理、配置和调剂。品牌形象整合从企业品牌形象、产品品牌形象及其他品牌形象以及它们之间的形象组织规范等方面展开作业。在进行品牌形象整合时，相对艰难的是如何处理在不同结构中企业品牌与产品品牌之间的关系，以及此关系在产品包装、广告宣传、内部沟通以及外部公关中恰当的表现策略和具体的表现方式。

5.1.3.2　品牌整合和品牌国际化的关系

品牌整合和品牌国际化不是孤立的两个概念，而是可以相互影响、彼此推动的。一方面，品牌整合是品牌国际化的基础与必经途径。品牌整合的目的是建立统一的品牌形象以做大做强品牌，没有合理的品牌整合途径，企业是不可能有效实施品牌国际化战略的。因为国际品牌是适应全球顾客需求日益趋同要求的，为了能够尽快占领全球市场，企业首先要在全球建立一种统一的品牌形象。品牌整合管理最重要的是打造本企业的旗舰品牌，这是建立统一品牌形象的必经途径。只有打造了本企业的旗舰品牌，同时做大了自己的品牌，企业才具备与国际品牌进行竞争的实力。另一方面，品牌国际化反过来又会促进品牌整合的有效实施。因为品牌国际化要求各品牌具有同样的、鲜明的品牌特征和价值观，使用同样的战略原则和市场定位，提供的产品或服务基本上相同，并尽可能使用相似的营销组合。这就要求品牌经营者在国际化过程中具有整合的思想，为自己的产品建立统一的品牌形象。因此，在国际化进程中，拥有品牌的企业会逐步发现自己品牌的缺陷，从而不断完善和清晰品牌层次，特别是强化企业的旗舰品牌，实现统一的品牌形象，以扩大在全球市场的影响范围，使本品牌在国外的传播更加容易和迅速。

图5-9　LV logo

5.1.4　品牌生命周期

品牌的规模和发展体现在其整体的生命周期中（图5-10），品牌生命周期通常呈S型，主要分为四个部分：培育期、成长期、成熟期和衰退期。引入期和成长期是品牌生命周期的开始阶段，在这个阶段中品牌销售会迅速地增长，而成熟期意味着销售趋势开始逐渐稳定，衰退期则是品牌生命周期的衰退阶段。

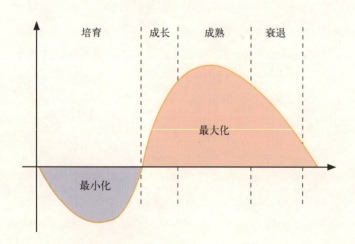

图5-10　品牌的规模和发展生命周期

图 5-11　耐克鞋

在培育期，品牌市场增长率和规模都还较小，因此对大多数潜在的消费者并不具有吸引力，当市场规模和销售量开始上升时，其市场吸引力也随之增加。而成熟期，随着品牌、市场规模的逐渐稳定，其市场吸引力开始缓慢增长。最后在衰退期，品牌逐渐失去其市场吸引力，这往往导致很多品牌会放弃所衰退的品牌，从而培育新的品牌。根据不同品牌，在不同生命阶段可以制定不同的经营战略，使得品牌效益、价值最大化。

5.1.4.1　培育期战略

众所周知，最先进入市场的品牌易形成战略优势，许多市场的"先入者"在品牌分类中拥有优势，这一优势可以帮助品牌尽早地建立品牌知名度，并早有机会树立品牌忠诚和品牌偏好。这个阶段可以采用渗透的战略，具体说来就是品牌采取一些低价战略，试图获得尽可能多的顾客，从而尽快建立市场份额优势。如果某个消费者的购买会使产品对其他消费者形成更大的吸引力，那么这种战略就是非常有效的。

5.1.4.2　成长期战略

品牌成长期包括早期成长和晚期成长。其成长战略与品牌在市场中的地位有关，品牌中的领导者可以选择竞争，可以设法保持目前的地位和市场，也可以持续改善品牌产品的质量和服务。还可以通过重新细分市场来重新定位品牌，使之成为较强的第二或者第三品牌。

5.1.4.3　成熟期战略

品牌成熟期的特点是同类竞争产品较多，销售曲线趋于平缓。消费者变得熟悉产品的特性，同时品牌在市场中的地位也是很重要的。这一阶段更需要关注的是核心产品品牌，把握品牌核心消费群体，提升、完善服务质量，并在一定程度上扩大受众群体。

5.1.4.4　衰退期战略

在品牌周期的衰退期，商品的销售量在下降，竞争者数量也在减少。最明显的原因可能是技术过时，但消费者的偏好变化也会导致品牌衰退。这就是为什么说如果技术是核心竞争力，那么消费者就是核心的核心，自古就有得民心者得天下的说法，后续的消费者跟进服务是品牌战略中一个不容忽视的问题。

5.1.5 品牌创新

在转型经济中，知识的创造、分享和利用成为创新的主要来源，市场变化的速度也越来越快。如果说以前的管理特点是长期的稳定伴随着偶尔的变革，今天的情况正好相反，往往是长期的变革伴随着短期的稳定。这些变化对企业品牌构成严峻的挑战，"江山代有才人出，各领风骚数百年"的时代已经过去，很多品牌并没有"风骚"几年，便消失在激烈的竞争中。而那些能够在市场上持续成功的品牌，其成功的秘诀就在于具有超越具体产品、市场和环境变化的创新精神。品牌创新就是品牌围绕顾客价值，引入新的技术、新的生产服务方式、新的市场传播方式来提升品牌价值的创新行为。

图 5-12　迪士尼卡通

5.1.5.1　顾客价值创新

品牌体现了企业对顾客的基本承诺。在缺乏经验的时候，消费者常常觉得众所周知的品牌是好品牌，并依此在购买消费品时，作为选择的标准。所谓顾客价值，就是消费者对品牌效用的综合评价，它由商品功能的客观性和品牌给消费者带来主观的心理满足。人们判断、选择、购买和使用商品后似乎考虑的不仅仅是产品的功能和效用，更追求品牌的文化内涵。尤其是在这个体验的时代，消费者消费时需要的不仅是产品本身所能提供的服务，更加看重的是对消费商品的体验和感觉。消费者对产品的认知程度从"我知道"、"我喜欢"、"我忠诚"到"我承诺"表达了顾客对产品认可接受程度，体现了顾客价值。例如人们选择 Swatch 手表就是选择时尚，选择"麦当劳"就是选择快乐，选择 Zippo 打火机就是选择品味等等。

5.1.5.2　传播渠道创新

品牌传播渠道创新就是要品牌与消费者接触的每一个环节中，创造一种融合顾客理性和感性的深层次体验，从而提升品牌的知名度、美誉度和忠诚度。

图 5-13 Canon 数码相机

传播渠道创新中要把握的核心是顾客，是品牌传播的主线。消费者每天可以接触无数的广告，如果广告没有独特的卖点，就不能打动消费者的情感需求。

5.1.5.3　品牌老化与更新

产品是具有一定生命周期的，品牌在经历一段时间的市场运作后也会步入老化阶段。品牌老化会给企业带来沉重的打击，而品牌的价值由消费者的偏好和价值来衡量。当消费者的需求发生变化，品牌便会进入衰退期，如果不进行品牌重塑和更新，品牌就会被渐渐遗忘。品牌要适应消费者需求的变化，就要不断改变战略、开拓新市场、重塑品牌。

品牌内涵重塑是一项重要的品牌更新活动，它由品牌战略改变而产生，需要配合品牌名称、品牌标志、媒体宣传等一系列行动的变化。它存在一定的风险，消费者可能不会接受新的品牌内涵。因为品牌的新内涵是企业对消费者新的承诺，而让消费者接受并认可则是一个复杂的战略和实施的过程。品牌通过更换广告、包装、促销等方式更新品牌信息，这种频繁的小创新能给消费者带来更多的新鲜感。这些改变都是围绕品牌内涵即顾客价值而展开的。所以品牌可以通过企业活动、产品开发、促销、包装、广告、赞助等方式来拓展和更新，使品牌经久不衰。

5.2　品牌规范管理

品牌规范管理关注和解决的是品牌行为的系统性和品牌形象的一致性问题，特指品牌管理者在品牌规划的指导和约束下，在实际的品牌管理过程中，根据品牌环境和资源条件的变化和品牌不断发展的需求，对影响目标品牌行为、形象表现及品牌安全作出包括一系列理念规范、行为规范和视觉规范在内的品牌行为和形象管理体系。其目的在于保证品牌表现的一致性，建立和维系差别化的品牌形象，提升品牌资源的积累效力，增值品牌资产，防止品牌形象歧化。品牌管理是对品牌成长过

>>>>>>>>>>

程中必然发生的品牌识别、品牌传播、品牌扩张、品牌体验、品牌组织等基本行为的管理规范，包括品牌识别管理规范、品牌传播管理规范、品牌体验管理规范、品牌推广管理规范。

5.2.1　品牌规范管理模型

5.2.1.1　为什么要进行品牌规范管理？

品牌管理是企业整体市场竞争战略的重要组成部分，随着市场成熟度逐步加强以及竞争产品的同质化，品牌管理成为品牌企业获取竞争优势和争夺顾客的重要手段之一。品牌管理是现代企业发展的必由之路，制定品牌管理规范，通过品牌管理达到品牌效应，产生巨大的附加值，稳固产品的市场地位，同时为公司的企业形象和企业文化发展的建立、发展推波助澜。

5.2.1.2　品牌规范管理的价值

（1）探索品牌识别方向，保证品牌识别的有效稳定。由于品牌管理者和广告代理商的变化，一些原本不应该更换的品牌标识手册被随意更换，使得目标品牌表现出极大的随意性，这容易使得消费者对某一品牌具有多重的形象概念，而进行品牌规范管理，就可以相对提高品牌识别的稳定性。

（2）观察分析品牌营销趋势，提升品牌营销效力。在激烈竞争的营销环境中，品牌可以通过营销规范管理，依从品牌的营销作业从品牌领域、品牌定位等因素，根据变化而变化，提升营销效力。

（3）指导品牌传播，防止品牌形象歧化。在纷繁的品牌中，单凭品牌识别系统的约束显然是不够的，通过对品牌进行规范管理，则可以有机地将二者结合在一起，不仅保护品牌，而且在获得收益的同时又能保证目标品牌形象的一致性。

（4）保证品牌体验的连续性，加强品牌保护。品牌管理者可以通过品牌规范管理洞察品牌环境和运营中蕴含的机会和风险，保障品牌的可持续成长。

本节通过下图结构对品牌规范管理进行论述（图5-16）。

图5-14　Philips logo

图5-15　西门子 logo

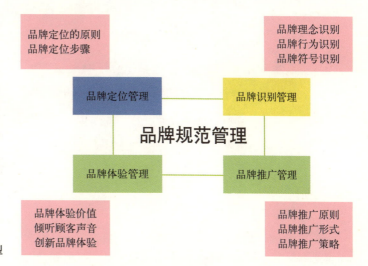

图 5-16　品牌规范管理模型

5.2.2　品牌定位管理规范

品牌定位使品牌和消费者之间产生交流，所以它不可以随心所欲，而且需要一定的原则来管理，这是品牌成功的必要条件。

5.2.2.1　品牌定位的原则

（1）品牌定位源自于对消费者的了解

品牌定位必须要了解顾客的购买意图和内心诉求，只有在对消费者深入了解的基础上，才能找到品牌所要满足的各个方面的需求，只有获得了顾客的认同，产生了共鸣，才能获得成功的定位。

（2）品牌定位要与产品本身特点相符合

品牌是产品的形象化身，产品是品牌的物质载体。所以品牌定位要结合产品自身的特点来进行定位，从产品的质量、结构、性能、款式、用途等反面定位，发挥产品最大的价值。

（3）品牌定位要关注品牌竞争者

竞争者是影响品牌定位的重要因素，因为定位本身要求自己与竞争品牌区分开来，在竞争日益激烈的市场环境中，企业更应该制造差异，让自身品牌脱颖而出，而不是人云亦云、墨守成规，这样只能埋没在纷繁复杂的竞争中。

图 5-17　三星移动硬盘

5.2.2.2 品牌定位步骤管理

(1) 进行市场分析，定位品牌价值

一个品牌的诞生，准确的定位是走好第一步的关键。企业通过市场调研、分析自身品牌特点，最终定位品牌价值。在纷繁的品牌中，针对不同消费者的低、中、高端品牌应有尽有，企业应从中找到最适合自身的品牌定位，制定相关战略计划，这样可以降低品牌刚走入市场的风险，避免不必要的损失。

(2) 分析消费者偏好

顾客喜欢什么样的产品，希望从产品中满足什么样的需求，获得什么样的价值等，都是消费者偏好的范畴。这些偏好往往反映了顾客对目标品牌的真实潜在需求和心理感知，企业可以借此作为品牌定位的依据，逐步追求定位的尽善尽美。

图 5-18　可口可乐纪念版运动水壶

(3) 提取自身竞争优势，打造品牌核心竞争价值

有开发价值的品牌竞争优势往往不能直接用于品牌定位，需要经过高度概括，提炼出其核心竞争价值，才能真正把目标品牌与竞争者区分开来。因为这种核心竞争价值是品牌的精髓，是品牌向顾客承诺的最根本利益，也是消费者认同、忠诚于品牌甚至愿意为之付出高价的原动力，是可以建立品牌定位本质的东西。比如迪士尼的核心价值是"家庭娱乐"，所以无论是主题公园还是电视节目，无论是卡通电影还是其一块手表，迪士尼都向人们许诺了其核心价值。

5.2.3　品牌识别管理规范

品牌识别管理是指通过清晰的文字阐释和系统的图例说明，明晰品牌的核心识别要素和延伸识别要素的构成，确立品牌识别系统的应用、维护和更新法则，指导和约束其他品牌管理规范的制定。核心识别在品牌识别系统中占据重要地位，由品牌理念识别、品牌行为识别和品牌符号识别构成。

(1) 品牌理念识别是品牌识别的核心，它影响并制约着目标品牌在顾客心中形成的品牌价值联想，没有理念的

图 5-19 兰博基尼

品牌犹如一具行尸走肉,没有灵魂,没有意义。例如"创新"这一理念就意味着品牌管理者将技术创新视为品牌延续生命和价值的核心。品牌管理者可以从人与人,品牌与人的关系之间找到合适的品牌理念并将之具体化。创造出具有独特个性的品牌。

(2) 品牌行为识别是企业管理品牌方面进行的所有行为的综合,它产生的是所有品牌承诺下的实际品牌价值,没有行为识别的品牌是不存在的。由于品牌产品和企业做出的品牌承诺,企业则需要做出履行品牌承诺的行为。而产品是品牌的载体,顾客倾向于通过产品来观望品牌的世界,独一无二、鹤立鸡群的产品容易形成强势品牌,例如在 IT 业里,你或许能够开发出一种独特的产品识别,但你永远无法与 IBM 公司的识别相抗衡,这就是品牌识别魅力的所在。

(3) 品牌符号识别向顾客传递品牌价值,承载了品牌理念和文化,它与 VI 不同,比 VI 包含了更多更丰富的元素,例如视觉符号、听觉符号、综合符合和组合符号。视觉符号是通过视觉刺激来使顾客产生对产品符号的认知,通过标志来表达品牌内涵和保持品牌联想,例如耐克、奥迪等标志。还可通过象征、人性化的方式传达品牌识别,例如七喜小子、百威蜥蜴等。听觉符号是通过听觉刺激来产生对产品的认知,主要通过宣传语如"更多选择、更多欢笑就在麦当劳"和主题歌曲来表达品牌理念。综合符号和组合符号则是通过听觉、视觉、符号元素、字体、颜色、布局的组合将品牌呈现,其目的都是使企业品牌在大众心中竖立起坚固、稳定的形象。

5.2.4 品牌体验管理规范

品牌体验的价值是显而易见的,但品牌体验的规范化管理却普遍缺失,即使是一些知名品牌。品牌体验管理是通过品牌体验管理规范的阐释和说明,要求品牌管理者定期对品牌环境、品牌资源和品牌资产展开系统地有计划地体检,以便发现品牌问题,优化品牌运作表现,防止品牌危机的发生。

5.2.4.1 品牌体验的三大价值

(1) 发现品牌环境的变化，做出前瞻性的调整。在品牌环境的剧烈变化过程中，先知先觉者可抢得先机，落后者则易被无情地淘汰。进行品牌检验，可以使企业发现品牌存在的瓶颈和缺陷，进而调整发展战略，避免企业遭受损失。

图 5-20 Gucci 专卖

(2) 发现品牌资源的不足，进行平衡性的措施和弥补。品牌资源的匮乏往往会使企业招致毁灭性的危机。例如"九阳"这个因豆浆机而声名鹊起的新兴品牌，在发展中进行品牌体验，从而发现了存在的瓶颈，并调整战略，走以"健康小家电"为核心的经营方式并致力于培育新的明星产品。

(3) 发现品牌资产的缺失，展开对应的应对方法。高知名度低认知度，高认知度低忠诚度，品牌联想单调，品牌活力退化，产品代表性模糊……诸如此类的资产缺失屡见不鲜，期望中的产品附加值也必然低微。"脑白金"在保健市场上独领风骚数年后，面临着"成熟的凋谢"，其品牌拥有者在对消费大势进行研究判断后毅然执行"收割政策"，并以"黄金搭档"再次获得"脑白金"般的理想收益。

品牌体验就是一条这样发现品牌问题，进而提出全面的解决方案的品牌经营途径。

5.2.4.2 倾听顾客的声音

要想正确地解决品牌问题，首先要通过品牌体验来找到"存在的问题"。在品牌体验过程中，最好的方法就是倾听，用心地倾听来自顾客的声音。是否倾听，决定着一个品牌能否健康以及长期地发展下去。我们不难发现一个规律，越是市场化程度高的行业，其参与者就越勤于倾听；反之，越是垄断化程度高的行业，其参与者越是懒于倾听。

对于品牌经营者而言，倾听不仅是一种美德，更是找到品牌问题，提升品牌竞争力的重要途径之一。因为只有倾听，才能真正了解到顾客的诉求和愿望，管理者可以走到店里去，走到顾客中间，用心听他们说，理想的倾听可以使管理者了解到品牌产品存在的缺陷、不足，这些弱点往往是战略管理不能给予的价值。由此也彰显了倾听对品牌体验的重要性。

5.2.4.3 在实践中创新品牌体验

如何在实践中创新,听其言,观其行是最好的方法。企业在明晰品牌体验需求的基础上,制定一系列的体验作业计划,并逐步推进品牌体验的深度展开,提高品牌体验对于品牌成长的效用和长久价值。

某服装品牌希望通过品牌体验提高店员的销售能力。在制订计划时,管理者紧紧抓住"销售能力",请该品牌的店员代表观察主要竞争对手店员的销售表现,并记录其长处和不足,与他们自身的销售工作进行比较和评价。最后融合多家品牌服装的销售经验,发挥自身优势,使其服装在当地销售火爆。这就能充分说明,抓住品牌主要问题,设计品牌体验计划,可以使看似平淡无奇的品牌大放异彩。

5.2.5 品牌推广管理规范

品牌推广就是将品牌信息传递给消费者。通过品牌推广,可以使品牌被广大消费者和社会公众所认知。品牌推广的主要任务就是树立良好的企业和产品形象,提高品牌知名度、美誉度和特色度,以及最终将品牌产品销售出去。

5.2.5.1 品牌推广的原则

简洁明了,凸显个性。品牌推广的目的就是要将品牌独有的信息向目标受众进行沟通和传递。要保证信息沟通的高效率,所推广的信息就一定要简洁明了。将品牌的独有特点和优势传递给消费者,让他清晰深入地进入消费者心中。而推广手段则需要与众不同,应避免千篇一律,人云亦云。应抓住品牌最本质的东西进行推广和展示。

联系消费者理念,倾注情感诉求。品牌想要在推广中取得好的效果,应全面调动消费者的感知和体验,并将其与自身品牌的理念结合,让新信息与消费者原有的观念相契合,在熟悉的基础上给人以新意。也可通过表现与企业、产品、服务相关的情绪与情感因素来传达品牌信息,以此诱发消费者的购买欲望。

5.2.5.2 品牌推广的形式

大众推广是速度快、范围广的信息推广方式,他是企业利用广告、新闻、广播、报刊等媒体,将信息传递给社

图5-21 伏特加广告

会公众的过程。因为他推广迅速的特点，使得这种推广形式具有极大的营销价值。

人际推广是人与人之间的直接沟通，主要是通过企业人员讲解宣传、示范操作等服务，使公众了解和认识品牌。人际推广具有交流性强的特点，在交流中，消费者会直接感受到从销售人员行为举止所反映的品牌形象。

展示活动是一种由人和物组合而成的信息传递活动。购物场所将零售企业与消费者紧密地联系在一起，商店外观、招牌、橱窗以及商品陈列等细节都是企业形象和风格的展示，它影响着消费者的购买心理和行为，也会影响消费者对品牌的影响和认识，是企业推广产品的重要渠道。

图 5-22　创意手提袋

5.2.5.3　品牌推广的策略

广告推广。广告具有信息传递快，覆盖范围广等特点。企业投入广告对品牌进行反复宣传，从而使品牌的知名度迅速提高。

销售推广。销售推广具有针对性强、灵活多样的特点。它可以是一次性的，也可以是多次性的。主要推广形式有展销会、展览会、抽奖、销售竞赛等形式。

公关宣传。在人与人交往不断加强的时代，企业要树立良好的形象以展示品牌的个性魅力，宣传是个必不可少的环节。其主要方式是要与社会接触、与社会公众进行长期地、有效地积极沟通。企业开展公关活动，能沟通企业上下、内外的信息，加以相互间的理解信任和支持，并协调和改善企业的社会环境。公关追求的是企业内部和外部人际关系的和谐统一，公关的目标是为企业广结良缘，在消费者中创造良好的企业形象和社会声誉。

5.3　品牌运营管理

为了进一步提高品牌管理效力，使品牌战略管理和品牌规范管理的理念、政策和规范等具体落实到每个品牌成长的运作中，在完成品牌战略管理和规范管理之后，必须展开品牌运营管理。所谓品牌运营管理，就是指在品牌规划的约束下，将品牌战略管理及规范管理成果转化到具体

图 5-23 Canon 产品家族

的管理、绩效考核等过程中，使品牌战略管理在实际的运营过程中全员化、全面化、全程化、更富有可执行性和可检验性。品牌运营管理是一种基于协同的策略，他把关涉品牌环境监测、品牌资源积累、品牌资产增值的相关运作有机联结在一起，通过对品牌价值链上各个环节加以协调、控制，共同提升品牌价值，实现品牌愿景，从而增强整个企业的品牌经营能力，不断提升企业品牌竞争力。本节通过市场营销管理、形象传播管理、组织运营管理来对品牌运营的核心业务的价值、特征等功能进行阐释和说明。

5.3.1 品牌运营的意义

5.3.1.1 品牌运营是知识产权的运营

品牌作为知识产权，作为产权的一种形态，它同产品、资本一样可以运营，品牌运营首先是知识产权的运营。在市场经济条件下，仅有资本而无商标，仅有有形资产而无知识产权等无形资产的企业绝不可能成长和壮大起来。凡企业都应该有自己的品牌，可我国拥有注册品牌的企业却十分少。我国市场上流通的商品，大约有 70% 没有注册商标。连商标都没有的企业，谈何运营品牌。无论在国际市场，还是在国内市场，商标一旦被抢注，不仅使企业处于"告不赢，赎不起"的尴尬境地，而且使企业丧失海内外市场。运营知识产权是品牌运营的起点。

5.3.1.2 品牌运营是质量信誉的运营

商标一方面是商品的直接外在标记，以法律名称的形式出现，另一方面是商品的内在质量标志，以昭示企业的信誉，因此，品牌运营是市场经济的永恒主题。从长远看，无论在哪个市场上，唯一经久的价值标准是质量本身。质量是产品的生命，质量是商标的物质基础，质量是企业生存的保证。在海外名牌的冲击下,我国的一些品牌在消失，如国产相机品牌几乎全军覆没，原因何在？国产相机与进口相机相比，不仅内在功能存在很大的差距，就连外观也显得"土老帽"。问题的关键在于未向品牌运营飞跃，没有进行质量信誉运营，质量上尚未走出模仿人家老产品的怪圈，没有自己高质量的新产品。品牌运营既然是质量与

>>>>>>>>>>

信誉的运营，就要求企业在质量信誉上日积月累地投入，不能有丝毫的懈惰。就象储蓄一样，品牌是本金，随质量信誉的投入，品牌便不断升值。质量信誉运营的失误砸掉的是牌子，砸牌容易，创新、保牌难，难在质量信誉的运营上。

图5-24　法拉利 4S 店

5.3.1.3　品牌运营是广告宣传的运营

产品运营、资本运营可与广告宣传脱节，而品牌运营也离不开广告宣传。在产品运营、资本运营的情况下，"好酒不怕巷子深"，而在品牌运营的情况下，"好酒"更需广而告之，"好酒"没有好的广告宣传，也只能待字闺中，永远也走不出深巷，正所谓"响鼓更要紧槌"。中国的广告发展迅速，但同发达国家相比仍处于极为落后的状态，中国的广告宣传突出企业、突出产品居多，而突出品牌却很少。品牌的广告宣传与品牌的质量信誉是一个问题的两个方面，两者统一方能相得益彰。国内外名牌有一个惊人的相同之处，它们多半是广告的最大客户，广告宣传的花费很大，要使广告宣传的开支变成投资，广告宣传的策划很重要，成功的广告宣传活动会产生"轰动效应"，使销量节节上升，使品牌的知名度、美誉度、市场占有率不断扩大。"健力宝"不惜重金做广告、提供赞助，被日本新闻界称之为"魔水"。"健力宝"已由昔日年产值不足百万元的作坊式小酒厂发展成年产值逾 10 亿元的现代化企业。"娃哈哈"三个字在短短 5 年间已播进亿万幼儿的心灵，"娃哈哈"集团也跻身全国百家大型企业。

5.3.2　品牌营销管理

品牌运营中的营销管理，是指依从品牌发展战略的指导，围绕市场营销深耕化、提升营销竞争力的目的，从市场开发、渠道建设与管理、终端建设与管理方面展开的实务运作和运营管理过程。其实质就是公司在运营过程中制定适应环境变化的市场营销战略。

5.3.2.1　品牌营销模式

"营销模式"是一个以营销理念为支撑，以营销渠道为核心的联络消费者购买习惯的销售组织方式。其基本营销模式有分销模式、直销模式和特许经营模式。大多数企业采用的是分销模式；直销模式以戴尔电脑为典型代表；特许经营模式的范例有肯德基、麦当劳等。

这些基本营销模式与一些创新的销售手段结合起来，可以创作出很多种衍生的营销模式。一般而言，品牌的基本营销模式是稳固的，一旦发生变化，企业则会面临重大的转型。

图 5-25　Gucci 香水

5.3.2.2　市场定位管理

品牌进行市场定位，就是着力宣传哪些会对其目标市场产生重大影响的差异，以确立品牌在目标顾客心中的位置。"最好的质量"、"最低的价格"、"最好的服务"、"最先进的技术"等，这就是值得宣传推广的"第一名"。如果一个品牌能在某一属性上获胜，那么它就会非常出名。

为了区分不同品牌的产品差异，品牌要对市场、竞争者和自身情况进行优势分析。对所有的品牌产品，要考虑其产品对消费者的重要性、品牌实施能力、竞争品牌的能力等等，做出相应对策，选择培养那些真正能增加企业优势、实力的卖点。

5.3.2.3　营销竞争策略

随着市场经济不断发展，企业面临着日益激烈的市场竞争环境。品牌能否采用正确的竞争策略，成为品牌能否长期生存下去的重中之重。

（1）成本领先策略

成本领先是指通过有效途径，使企业的全部成本低于竞争对手的成本，以获得同行业平均水平以上的利润。

（2）差异化战略

所谓差异化，是指为使品牌产品与竞争对手产品有明显的区别，形成与众不同的特点而采取的策略。实现差异化的途径多种多样，如品牌设计、品牌形象、技术特性、客户服务等。

（3）集中策略

集中策略是指品牌把经营的重点放在某一特定消费群体中，或者某一地区，来建立品牌的区域优势及市场地位。这是因为要做到全面的占领市场对一个品牌来说非容易之事，因为需要瞄准一个重点，逐步地稳定扩大品牌的销售范围。

5.3.3 品牌形象传播管理

形象传播管理是指依从品牌发展战略的指导，围绕形象传播整合化、提升形象竞争力的目的。从传播组合、传播内容、传播形式、传播设计等方面展开的实务作业和运营管理过程。他可以有效地整合广告、促销、公关及其他传播行为，使之深化品牌认知，丰富品牌联想，建构和维系品牌形象，提升品牌传播效力。而品牌形象符号是品牌形象内涵的外在表现形式，是品牌形象传播的基本内容。在品牌传播过程中，与消费者直接接触的就是品牌形象符号，这些符号会率先到达消费者的心理，给消费者心理最直接的冲击和影响。

图5-26　耐克运动鞋

5.3.3.1　品牌名称

品牌名称在品牌形象符号中具有战略地位，对于一个品牌而言，最重要的就是名字。在短期内，一个品牌形象的塑造可能需要一个独特的概念或创意，一旦时间扩大到长期，这种概念或创意就会逐渐消失，起作用的将是品牌名称与竞争品牌之间的差别。

5.3.3.2　品牌语言

语言是形成消费者品牌意识的主要内容，新颖独特的语言能够穿越众多其他的品牌信息的壁垒。在品牌形象塑造的过程中，创造性地运用品牌语言会强化品牌形象。例如雕牌的那句深入人心的广告语"只买对的，不选贵的"，此广告语充分展示了雕牌高性价比的品牌形象，因此占据了大部分以此作为标准的顾客市场。由此可见，一个富有创意的品牌语言在品牌形象塑造中有巨大作用。

5.3.3.3　品牌标志

标志作为一种特定的视觉象征性符号，代表着品牌形象、品牌理念甚至品牌文化。不能否认的是，成功的品牌标志已经成为一种精神的象征，一种地位的炫耀，一种企业价值的体现。很多品牌就因为简洁明了的标志深入人心，抓住顾客的眼球，例如宝马、奥迪，都是成

图5-27　Versace香水

功的品牌标志设计。

5.3.3.4　品牌包装

如何合理地利用包装设计,将品牌形象创造性地进行包装是品牌形象塑造中的重要内容。品牌包装的应用范围广,包括产品包装、运输包装、活动包装等。通过品牌包装,可以对目标品牌进行宣传、打造并传播。

5.3.4　客户关系管理

客户关系管理（customer relationship management,CRM）是近年迅速兴起并为众多企业所认同和使用的一种现代企业经营方法。它使企业的管理活动实现了从"以产品为中心"向"以客户为中心"转变,更加突出强调与客户的长期合作关系而不是短期交易行为。

如果消费者每次与产品产生关系时都感觉是重新开始,那么他将会感到十分失望。消费者会感觉与品牌之间似乎没有产生任何关系,或根本就没有关系,这样,消费者就不会将产品给他带来的体验带给更多人。

这就说明了客户关系管理是一个很重要的部分,品牌与消费者的关系应该被看作是正在进行且永远没有结束的谈话。无论是销售人员、客服代表还是管理人员,消费者都希望能得到相同的体验。因此,企业应该建立专门的部门,将消费者与品牌交互的记录储存起来,当品牌消费者逐步增加的时候,这无疑是一笔宝贵的财富。

5.3.4.1　客户生命周期

客户生命周期就是客户和品牌维持关系的整个过程。从客户成为潜在客户开始,客户的生命周期就开始了。客户—潜在客户—新客户—老客户—忠实客户,这是客户生命周期所要经历的过程。客户服务的目的就是要使整个生命周期不断延续下去,让整个客户成为品牌的忠实客户。

5.3.4.2　客户关系管理的核心问题

(1) 客户关怀是客户关系管理的重点

客户关怀活动包含在消费者购买前、购买中、购买后的客户体验的全部过程。购买前的客户关怀为品牌与消费

图5-28　轩尼诗形象店

者之间建立打开了一扇大门，为鼓励和促进消费者购买做了准备。购买期间的客户关怀则与品牌产品和服务紧紧地联系在一起。购买后的客户关怀则是集中于跟进产品维护和售后服务的相关步骤中。其目的是使消费者再次购买目标产品，增加消费者对品牌的满意度和忠诚度。

（2）强化重点客户管理

对于任何品牌，消费者都是品牌赖以生存和发展的宝贵资源。所谓重点客户管理，就是企业对所有客户的购买资格进行确认，分析出拥有客户对品牌做出的贡献，并排出名次，列出重点客户，进行关怀培养。其意义在于分析出对品牌最有价值的消费者。

图5-29　Swarovski包（一）

5.3.4.3　客户关系管理的基本内容

（1）客户分析

客户分析可以让营销人员完整地、方便地了解客户的信息，通过分析与查询，掌握客户行为、购买模式等资料，为营销活动提供方向性指导。其主要是分析谁是品牌的，消费者的基本类型以及不同消费者的不同购买行为，并在此基础上分析顾客差异对品牌利润的影响力。

（2）客户建模

这主要是根据客户的历史资料和交易方式来预测消费者未来的购买倾向。这是品牌了解客户需求的手段，通过建立一种以实时客户信息进行商业活动的方式，将客户信息和服务融入到品牌的运营中去。

（3）客户沟通

客户沟通是一种双向的信息交流，其主要功能是实现双方的互相联系、互相影响。其实质，就是与消费者交流信息的过程。通过沟通可以传播品牌对顾客的承诺，使顾客满意。

5.4　品牌资产管理

所谓品牌资产，是指品牌通过产品、服务和传播及其他组织运营作业在目标消费者和其他关系人中产生的关于品牌的认知、联想及其行为习惯的总称。是什么产生了品牌资产？当顾客对品牌有高度的认识和熟悉度，并在记忆里形成了强有力的偏好和独特的品牌联想时，以顾客为本的品牌资产将会产生。为了使得营销战略能够成功，并能建立起品牌资产，就需要说服顾客，让他们理解，在同类产品和服务中，不同的品牌之间存在着很大的差异。我们所要做的，就是加强人们的品牌意识，加深顾客对目标品牌的印象。

在某些情况下，仅仅品牌意识就能够引起顾客对产品的兴趣。那么一个具有吸引力意识的品牌，就能更加刺激顾客对其产品的兴趣。反之，一个虚假或者是无品牌意识的产品或服务，自然就在市场竞争中被顾客所淘汰了。而一个积极的品牌印象，可以通过营销活动或者宣传，在人们脑海中建立起对品牌的固定的联想和记忆。品牌印象是一种富有赞誉度、独特的品牌联想结果，对建立品牌资产具有很大的作用。本章通过对品牌知名度、认知度、联想度、忠诚度和保护度方面进行理论阐述，给营销人员提供指导，帮助他们了解品牌资产的潜在力量。

5.4.1 品牌知名度管理

品牌知名度是品牌的资产之一，品牌知名度的高低直接决定着目标品牌资产的积累和效益。品牌发展的途径很多，现代营销手段可以帮助企业快速提高品牌知名度，加大宣传度也可以扩大企业和品牌的影响力。建立品牌知名度的意义多不可言，作为一个全新品牌要进入市场，首先面对的就是知名度问题，你需要大声地告诉消费者你是谁，你是做什么的，在品牌创立初期，企业的主要任务只有一个，就是让别人记住你。

5.4.1.1 产品知名的价值

（1）产品品质的保证。在相同的产品领域，较高的品牌知名度代表着产品的质量值得信赖，让顾客买得放心，用得安心。为什么在新品牌和老品牌之间消费者趋向于选择老牌子就是依据这个理由，它的价值在于人们心中已形成认可，加上有保障的售后服务，成为品牌的一种无形资产。

图 5-30　百达翡丽 logo

（2）产品知名度能增加消费者对品牌的好感。在激烈的市场竞争中，要想使品牌容易吸引顾客，甚至产生品牌偏好，就要通过各种各样的宣传方式来吸引顾客的眼球，富有创意的设计、形象生动的宣传、良好的服务态度等，都是使顾客对品牌产生好感的方式。

图 5-31　佳能数码相机

（3）产品知名度能丰富品牌联想度。"农夫山泉，有点甜"，"李宁，一切皆有可能"……这些耳熟能详的广告语在宣传品牌产品的同时，也传达着不同的人文精神和文化内涵。让人们联想的范围绝不仅仅局限于产品上。

5.4.1.2　品牌知名度阶梯

品牌从创立到成熟，知名度的建立也是个过程。无知名度：是指在经过提示后目标消费者想到某一品类时仍未能想起的品牌。提示知名度：是指在提示后消费者想到某一品类时可以记起并有一定了解的品牌。未提示知名度：是指在未提示情况下消费者想到某一品类时可以想起的品牌。第一提及知名度：是指在未提示情况下消费者想到某一品类时能够首想到的品牌。在手机行业，"诺基亚"、"三星"、"索尼爱立信"就拥有不同的知名度。品牌知名度越高，就说明其品牌在同一产品领域中实力越强，竞争力也就越大。也就是说，强势品牌的显著特征，就是高知名度。

5.4.1.3　品牌知名度的建立

品牌知名度可以通过以下方式建立：通过反复地接触和宣传，增加大众对品牌的熟悉程度；通过适当的产品目录设计和产品形象设计，让大众产生强有力的联想。例如，用视觉图片和文字结合的方式传达品牌的要素和信息，以及设计一个口号或是押韵的标语，使它与目标品牌产生联系，从而加强品牌知名度的宣传。而"新闻营销"，"事件营销"，聘请代言人，参加各种展会等，都是提高品牌知名度的有效方式。

品牌知名度建立可以采用集中式和渐进式的管理模式。在短时间内投入大量的广告宣传，最大限度地传播产品信息，提高大众对产品的认知度，是集中式模式的主要特征，这在食品、化妆品领域都是常用的管理模式。而渐

图 5-32　苹果总部

进式模式多应用于一些技术性或服务性的行业，如手机、计算机等行业。

总之，树立品牌知名度并非一件易事，给目标品牌确定有意义的内涵和价值体系，需要管理者的智慧和深谋远虑，并通过品质、技术、宣传、服务等方面的落实，逐步建立品牌知名度。

5.4.2 品牌认知度管理

如果说品牌知名度用来衡量大众是不是知道某一品牌，那么品牌认知度就是用来衡量大众是不是知道某一品牌的用途。品牌认知度的深浅直接影响着消费者对于目标品牌的基本消费态度和选购的可能性。

5.4.2.1 品牌认知的类型

品牌认知主要由产品认知、组织认知和服务认知构成。产品认知是指目标消费者对品牌所提供的产品品质及其他相关要素的认识程度。主要是针对产品的功能、实用性、外观及耐用性等要素进行的认识和评估。人们对这些功能认识的越全面，了解的越清楚，就越能了解目标品牌。服务认知是指目标消费者对品牌所提供的服务水平的认识程度，具体是指产品的服务意识是否从消费者的角度出发，以及所提供的专业信息是否准确、合理等服务的可信任程度。组织认知是指消费者对隐藏在目标品牌的产品和服务背后的企业组织的认识程度。其要素主要包括品牌企业的历史、文化、经营规模、经营理念、经营风格和发展目标等方面的了解。将品牌的这些相关信息传递给消费者，有利于获得消费者的认可和信赖，也有利于品牌的发展和收益。

5.4.2.2 怎样提升品牌认知度

品牌知名度非常容易在短时间内通过大量的广告传播迅速建立起来，而品牌认知度的建立和提升需经历较长的时间。在品牌成立初期，保证品牌质量，履行品牌承诺是基础。要提高品牌认知度，第一步就是要保证产品质量、提高服务水平。而到了品牌发展的中期，则必须保证品牌传播的内容全面均衡，及时更新传播内容，使广大消费者

图5-33 Dunhill皮包系列

及时得到产品的最新消息。最后是品牌发展的后期也就是成熟期，基本的品牌影响力已经形成，这时就应通过组织经营的改革和创新，延伸品牌经营领域，改进原有技术等，形成卓越品质的企业文化和企业精神。

任何一个品牌都应重视其产品的品质，消费者需要的不是裹着糖衣的炮弹，而是高品质产品所带来的便利和享受。

5.4.3 品牌联想度管理

品牌联想是消费者看到某个品牌，从他对该品牌所拥有的记忆中包括感受、经验、评价、品牌定位等所归纳的对目标品牌的任何想法。这些想法均能在消费者心中形成相应的品牌形象，进而影响消费者对产品的购买决策。作为品牌资产的基本组成之一，品牌联想的强度直接反映着消费者对品牌的情感和态度。必须充分认识到，一个人对某产品信息的思考越多，对此品牌的了解也就越多，对此品牌的联想也就越强。怎样建立品牌联想度，从而扩大品牌的影响力呢？可根据以下几个方面进行管理：

5.4.3.1 讲述品牌故事

品牌故事是指品牌在发展过程中，总结优秀的经验，提炼宝贵的精神，并将这些经验和精神贯穿落实到品牌产品中，形成一种清晰，容易记忆的思想。品牌故事是将品牌与消费者联系在一起的纽带。有了故事的事物往往具有精神，消费者购买到的应该不仅仅是满足功能需求的产品，更应该是能得到实用性以外的情感体验和联想，使品牌精神得到消费者的认同。

5.4.3.2 借助品牌代言人

促进品牌联想的最好的载体就是人，尤其是具有一定知名度的艺人，他们自身就是一个"品牌"，借助名人本身的知名度来推广品牌产品，大大提升了品牌的联想度和美誉度。

5.4.3.3 建立品牌感动

未来社会正朝着高技术与高情感平衡的方向发展，这就意味着优秀品牌的传播都应满足人类对美好生活向

图 5-34 轩尼诗酒

图 5-35　Versace 首饰

往的情感，并通过产品，给消费者带来情感回报。相信有很多人对"钻石恒久远，一颗永流传"这句广告语记忆深刻，这就是建立品牌感动的很好的例子，不仅将钻石与刻骨铭心的爱情联系在一起，还在消费者心中建立起了一股发自内心的感动。爱情作为产品与消费者的纽带，深刻又生动。

5.4.4　品牌忠诚度管理

品牌忠诚度是消费者基于对品牌品质的认可、消费的满意和情感的归依而自然产生地对品牌产品和服务的购买行为习惯和情感偏好。品牌忠诚度是建立在品牌满意度和品牌美誉度基础上的，是品牌附加价值的直接反应。品牌忠诚度管理应从品牌满意度、品牌美誉度和品牌忠诚度方面来测评。

5.4.4.1　品牌忠诚的价值

（1）保证稳附加收益，降低推广成本

品牌忠诚度越高，顾客流失率就越低。每一个使用者都可以成为一个活的广告。根据调查：一个满意的顾客可带动 8 笔潜在生意，一个不满意的顾客则会影响 25 个人的购买意愿，因此一个愿意与企业建立长期稳定关系的顾客会为企业带来相当可观的利润。

（2）提高同领域产品进入的障碍

面对一个蓬勃发展的领域。新进入者最担心的是什么呢？是担心自己的产品没有市场还是担心产品优越性不够，归根到底是担心广大消费者对领导品牌的高度忠诚。这种忠诚，意味着消费者不仅满意已有品牌的表现，还对老品牌具有情感偏好。这样一来，新品牌要想建立起自己的品牌忠诚度，需要付出的成本就更大了。正是这种高度忠诚，在新品牌面前筑起了高耸的门槛。

（3）提升面对变革的应对能力

不管是老品牌还是新兴品牌，都是处在市场中，而市场的不稳定性也存在变革风险的可能性。这好比金融危机，总是给企业和市场带来不可估量的影响。面对可能发生的任何风险，具有高忠诚度的品牌比低忠诚度的品牌更具有

图 5-36　Swarovski logo

抗打击能力和实力。当遇到变革时，高忠诚度品牌可以借助消费者的忠诚，赢得更多的时间和空间去调整自己的应对策略。而低忠诚度品牌的企业很可能就没落在残酷的变革风暴中。

5.4.4.2 品牌忠诚的分类

品牌忠诚阶梯主要由随意购买者、习惯购买者、满意购买者、情感购买者和承诺购买者构成。并根据忠诚度高低形成金字塔式走势，忠诚度越高的消费者占的比重越少，而占大部分的消费者都是属于随意购买者。他们往往是通过广告宣传或者促销活动的形式接触、购买产品，大多数购买者随意性很强。习惯购买者则对品牌持若有若无的态度，在没有被新产品吸引的情况下，仍会重复购买之前使用过某个品牌。满意购买者是对已用过的产品感到满意从而继续购买该产品的一类消费者。情感购买者则对某产品产生了一定的情感偏爱，对使用过品牌产品的质量、服务都认可，这样本能地就不愿意去接受新的产品。最后一种是承诺消费者，这类消费者不仅对品牌产生了感情，更以拥有该品牌感到骄傲，例如一些奢侈品，已经不再是功能的销售，更多的则是对消费者心理追求及欲望、品位的满足。

图 5-37 LV 包

5.4.4.3 提升品牌忠诚度的途径

（1）人性化地满足消费者的需求

让顾客在购买产品和享受服务的过程中有愉悦、满意的感受，是企业赢得消费者忠诚度的根本途径。因此企业在经营品牌的过程中需看清短期利益和长远利益的关系，必须履行自己的承诺，保证产品的质量和服务，以品质实力和诚信来获得消费者的信任和支持，才能不断发展壮大，经久不衰。

（2）提高品牌的附加价值

品牌的附加值越多，消费者就更倾向于该产品，品牌忠诚度也就得以维系。这里所阐述的附加值主要体现在服务上。在产品同质化的时代，谁能为消费者提供更为贴心的服务，谁就能赢得消费者的青睐。比如一句温馨的问候，一份温暖的祝福或一份贴心的礼物，都能提高消费者对品牌的认同度。

图 5-38 Swarovski 包（二）

(3) 加强与客户之间的沟通

企业可以通过与消费者定期地、有效地沟通来维持消费者与品牌之间的亲密关系。可以采取建立顾客资料库、定期访问等方式，保留有价值的客户，使之慢慢成为承诺购买者和情感购买者。了解顾客的需求并有效地满足顾客所需，建立起稳定的、长期的合作关系，使顾客的满意度最大化，长期坚持下去，还需为忠诚度低发愁么？

5.4.5　品牌保护度管理

狭义上的品牌保护局限于对品牌资产的保护，具体包括商标权、版权、著作权、域名权、外观设计专利等。广义上的品牌保护指品牌经营者为了使投入产出的品牌知名度、认知度、忠诚度和品牌联想等资产不为竞争者或其他潜在竞争者所侵占而做出的预防性保护。随着经济的发展和市场经济的深化、市场竞争的进一步加剧，品牌的重要性也得到了越来越多企业的认同，对品牌保护也越来越重视。

5.4.5.1　品牌的法律保护

品牌作为企业的一项无形资产，需要持之以恒地呵护。在激烈的竞争中要使品牌产生的利益得到保护，就要有一定的制度和相关规定。品牌的法律保护是品牌保护的重要手段之一。其主要内容就是品牌的注册，即成为受法律保护的商标。

5.4.5.2　品牌的自我保护

(1) 珍惜商标权。商标具有时间性，往往在法律规定的时间内有效，如果超过有效期限，就不再受法律保护。

(2) 谨防假冒。当品牌逐渐成熟后，就要防止各种假冒的产品混淆视听，要预防各种侵权行为。提高自身防伪能力，加大对标志识别真伪的宣传。

5.4.5.3　品牌的经营保护

企业要始终树立以消费者满意为中心的经营理念，保持品牌的高品质，使产品符合消费者的需求。还要加强技术创新，保持品牌的竞争力。加大广告投入和宣传，避免各企业间的恶性价格战。

图 5-39　首饰专卖店

>>>>>>>>>>

5.4.5.4　品牌资产保护的途径

（1）程序预置，注册在先。

（2）权属标识，权属申明。

（3）进行品牌监督。

即使是已经很大的品牌，也需要采取监督工作。企业应该专门设立一个品牌资产监督与管理的机构，并定期报告品牌资产运营及维护状况，最大限度地实现品牌资产最大化。

6 CI 品牌设计经典案例赏

6.1 Mac 电脑

Mac 电脑是苹果电脑公司（Apple Computer）的 Macintosh 电脑（简称：Mac 电脑），苹果电脑作为美国著名的老牌计算机，在人机交互设计方面堪称世界第一（使用键盘和鼠标进行输入其实是一种人机交互的妥协）：

（1）苹果电脑采用了全屏触摸的形式开创了电脑人机交互设计的先河。

（2）手捧阅读：苹果电脑作为纯平板式的平板电脑，轻便的体积和重量，使人们可以直接捧在手上进行操作。

产品质感设计：Mac 电脑在产品质感设计上善于发现和使用多样化材质，例如 mac pro 的外壳材料是航空铝合金，所以外号叫做"飞机"，性能强劲，外壳金属，散热好，强度高（图 6-1）。

图 6-1 mac pro 系电脑

在产品人性化设计:

（1）苹果电脑号称世界第一薄，不仅在于它的体积小，而且造型时尚，以白色为主，给人以典雅高贵的感觉，外观设计堪称经典。2008年，苹果 MacBook Air 问世，作为"全球最薄笔记本电脑"，MacBook Air 重约三英镑，厚度不到一英寸（图6-2）。

（2）电池续航能力强，多媒体处理出色，支持 MAC OS 和 WINDIWS 双系统（图6-3）。

Mac 经典案例赏析

（1）Mac mini 作为一款迷你外观的主机，可以说是把外观设计到了极致（如图6-4～图6-8）。

图6-2 MacBook Air 三视图

图6-3 MacBook Air

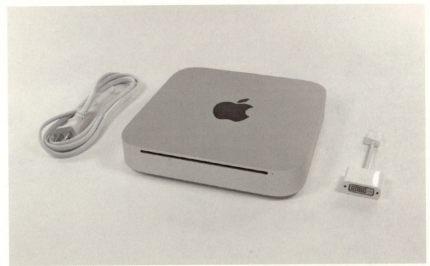

图 6-4 Mac mini（一）

图 6-5 Mac mini（二）

图 6-6 Mac mini（三）

图 6-7　Mac mini（四）

图 6-8　Mac mini（五）

　　1）2010 款的 Mac mini 采用了全铝合金外壳设计，可以保证主机有足够强的坚固性，同时也做到了绿色环保，甚至可以达到回收再利用。

　　2）继承和发扬了传统的超薄机身和吸入式光驱。

　　3）身材迷你，接口却一应俱全。

　　4）产品设计上的人性化——主机底部为圆形塑料底壳，只需轻轻的旋转，就可以轻松取下这个外壳，免螺丝、免工具，十分方便。

　　5）强大的特色软件功能。

　　(2) iPad 的问世：美国时间 2010 年 1 月 27 日上午 10 点（北京时间 1 月 28 日凌晨 2 点），苹果 CEO 乔布斯在美国旧金山 Yerba Buena 艺术中心正式发布并展示了其首

图 6-9　苹果 CEO 乔布斯展示其首款平板电脑 iPad 发布会

图 6-10　苹果多功能界面

款平板电脑 iPad（图 6-9），iPad 定位介于苹果的智能手机 iPhone 和笔记本电脑产品之间，通体只有四个按键，与 iPhone 布局一样，提供浏览互联网、收发电子邮件、观看电子书、播放音频或视频等功能。

1）支持多点触控，采用 iPhone 操作系统，内置了地图、日历、youtube、itunes store 等应用（图 6-10）。

2）超强电子图功能（图 6-11）。

3）iPad 在线视频功能（图 6-12）。

4）音乐和绘图功能（图 6-13）。

图 6-11　苹果电子图界面

图 6-12　苹果在线视频功能界面

图 6-13　苹果音乐和绘图功能界面

苹果平板电脑底座有一个数字手写笔，当有灵感时，就能够坐下来，拿起苹果平板电脑和手写笔开始作画。因为是触摸屏，用手指进行虚拟画画据说这非常有益于健康。

与 1 代相比，iPad2 更薄、更轻、更快，并且拥有前置、后置摄像头（图 6-14、图 6-15）。iPad 2 使用更为轻便的碳纤维材料（黑白两色）来替代原来的拉丝铝外壳。

图 6—14　iPad 2（一）

图 6—15　iPad 2（二）

6.2　Philips

　　Philips 公司是世界上最大、最有影响力的电器公司之一。如同一名百岁人瑞一样，飞利浦已经足足跨越了三个世纪。这家世界闻名企业的历史可以追溯到 1891 年，荷兰机械工程师在荷兰 Eindhoven 的一个前鹿皮工厂开始生产碳灯丝光源。该品牌目前在世界上 70 多个国家或地区设有分厂或服务中心，该公司的工业设计甚至与国家科学技术部门有着紧密的联系。

　　Philips 品牌识别传播设计的发展优势：

（1）品牌的识别要素设计

　　Philips 对于品牌的设计一直以来都是以标准化、体系化为主，该公司甚至制定了一本《设计手册》，内容包括了所有有关 Philips 品牌识别设计的规范、标准、要素、总体形象、视觉符号标准等，设计人员根据这些来对产品本身的设计进行规划，从而使产品能够具有与品牌形象、品牌产品形象一致的基本属性。

　　1）品牌标志的发展

　　①盾牌标志的来源（图 6-16）

　　1930 年，飞利浦首次将四颗星星和三条波纹置于一个圆环内，使圆环成为飞利浦商标最具特色的部分。之后，星星和波纹开始出现在收音机和留声机上，圆环标志逐渐被广泛用于各种广告宣传和其他产品的包装上。1938 年，飞利浦盾牌标志首次亮相。多年来，飞利浦商标虽然经过几次调整，但始终遵循基本的设计理念，结合文字组合的盾牌标志，成为了飞利浦独特的标识，一直沿用至今。

　　②"让我们做到更好"（图 6-17）

　　为了树立统一的全球形象，1995 年，飞利浦通过"让我们做得更好"的宣传口号，首次推出了全球性的品牌推广活动。这个主题涵盖了"一个飞利浦"的理念，并贯彻到飞利浦的各个市场和各个产品中。这也是公司第一次通过市场活动将所有的员工凝聚在一起，使员工产生归属感，并以统一的形象一致对外。

图 6-16　盾牌标志的来源

图 6-17　早期飞利浦标志

PHILIPS
sense and simplicity

图 6-18　今天的飞利浦标志

③ "精于心 简于形"（图 6-18）

2004 年 9 月，飞利浦推出了"精于心 简于形"的品牌承诺，标志着公司新的发展方向。"精于心 简于形"的承诺，概括了飞利浦以市场为导向的决心，即为消费者提供"为您设计、轻松体验、创新先进"的解决方案。

飞利浦从 1995 年以后的标志到发展至今的标志，并未发现变化在哪里，最为明显的两处修改，L 收尾斜线处理和 S 的笔画粗细变化，很巧妙地改变了原标志生硬的感觉，为标志增添了不少活力，细微的变化，潜移默化地改变了品牌形象的视觉感受，体现了品牌管理者对品牌形象良好的把握程度。当然这种细微的变化最大程度上缩短了消费者对品牌形象转化的适应过程，这应该是最大的利处。

（2）品牌整合

Philips 从 1980 年任命罗伯特·布莱什担任设计部主任时，便打破了常规的设计思路，为了形成新型的、具有国际性市场的开放营销，在品牌的包装设计上主张新产品的开发人员和工业设计人员共同组成小组联合工作，不仅在工作程序上有了更好的协调，在对包装、产品、广告、促销和顾客反映等方面有了更好的了解，使设计与市场更好地联系在一起，同时帮助消费者更好、更快地认识该品牌。

（3）品牌创新理念

飞利浦一直将绿色环保理念作为整个品牌形象包装的主要宣传口号，它还是绿色环保液晶显示器产品的倡导者和技术引领者，在"9 系列"新品中，这样的理念仍将得到延续。从外包装瘦身、无铅设计到人体工程学应用、节能等方面，我们都能看到"9 系列"新品的环保品质。这种品牌包装的理念说明了飞利浦顺应了时代的发展，将企业的发展与品牌效应很好地结合在了一起。

（4）品牌文化

飞利浦的品牌文化是"健康舒适，优质生活"，这样是该品牌对于全球员工的主要精神标语，它致力于通过及时地推出有意义的创新来改善人们的生活质量。作为全球医疗保健、优质生活和照明领域的领导者，飞利浦基于对客户需求的深入了解以及"精于心 简于形"的品牌承诺，将技术和设计融入到了以人为本的解决方案中，该文化体现了飞利浦致力于构建可持续发展的和谐社会的责任。

6.3　STARBUCKS

星巴克（Starbucks）是美国一家连锁咖啡公司，1971年成立，为全球最大的咖啡连锁店。因为星巴克，全世界只有一个家——风格化的咖啡买卖使得星巴克坐落在大都市的各个黄金地段。走在路上，最耀眼的地方必有星巴克。这是一个复杂的编码系统，以空间来置换时间，踩在全球化的鼓点上，这诡异之处就在于——同一种心跳，等级秩序被取消了，皮肤的颜色变得模糊，文化差异被忽略，这就是星巴克的大同世界。

（1）品牌识别的发展

1）1971年的星巴克标志原型就是16世纪斯堪的纳维亚的双尾鱼木雕（版画）图案，只是在美人鱼周围加入星巴克的名字（图6-19）。

图6-19　1971年的星巴克标志

2）第二版（1986年）的商标，沿用了原本的美人鱼图案，但做了些许修改了，它没有赤裸乳房，并把商标颜色改成代表美式咖啡的绿色，就这样融合了原始星巴克与美式咖啡特色的商标就诞生了（图6-20）。

图6-20　1986年的星巴克标志

3）第三版（1992年）的商标，去掉了美人鱼不太雅观的撇开双腿的形象，只是留有尾巴的鱼痕，使之真正脱离了版画的风格，更富现代感（图6-21）。

4）如今（2011年）星巴克新的商标，其设计是将老商标中原本环绕在圆形美人鱼图标以外的外圈拿掉，并去掉原本位于内圈和外圈之间的"Starbucks Coffee"（星巴克咖啡）字样。新LOGO最大的突破在于去掉了周围的英文字，而把双尾美人鱼放大，整体用绿色反白的效果，更简洁目的是确保星巴克品牌将继续把传统遗产涵盖在内，同时也是为了确保星巴克在未来实现持续增长（图6-22）。

图6-21　1992年的星巴克标志

（2）品牌策划

星巴克品牌传播的重点就是口碑营销，星巴克是很少的不靠广告而建立品牌的企业之一。《商业周刊》指出，

图6-22　2011年的星巴克标志

星巴克自创的建立品牌方式,是将广告费用放到员工福利和培训上。主要表现在:

1)重视员工的核心理念,把他们当作最棒的活广告。

2)鼓励员工创新,利用风格体现美感,创造视觉冲击。

(3)品牌销售空间设计

星巴克的店内设计主要是把美式文化逐步分解为可以体验的内容,所以特别强调营造销售气氛——个性化店内设计、暖色的灯光、柔和的音乐作为营造出"第三空间"(指营造出既具家庭氛围,又具公司氛围的销售环境)的设计手法,体现出放松、安全、极具归属感的环境。

(4)风格识别

利用风格体现美感,创造视觉冲击。因此,星巴克结合不同的地点使每家店都有自己与众不同的特色。

1)不同风格的星巴克(图6-23~图6-26)

图6-23 星巴克在中国

图6-24　星巴克在中国香港

图6-26　星巴克在美国

图6-25　星巴克在英国牛津大学

2）销售空间色彩运用

星巴克销售空间的色彩主要是根据咖啡制作的四大阶段进行设计的，以绿色为主体色，代表了咖啡的"栽种"；以深红和暗褐系为主的辅助色代表了咖啡制作过程中的"烘焙"；再以蓝色为水、褐色代表了咖啡制作过程中的"滤泡"；最后以浅黄、白和绿色系诠释咖啡的"香气"。另外，随着季节的不同，星巴克还会设计新的海报和旗标装饰店面。灯、墙壁、桌子的颜色从绿色到深浅不一的咖啡色，都尽量模仿咖啡的色调（图6-27、图6-28）。

（5）感官的识别——从嗅觉、视觉、听觉、触觉和味觉共同塑造了星巴克咖啡馆浪漫的情调。店内桌椅的任意组合、重烘焙极品咖啡豆是星巴克味道的来源，加上"四禁"政策（禁烟、禁止员工用香水、禁用化学香精的调味咖啡豆、禁售其他食品和羹汤）力保店内充满咖啡自然醇正的浓香。

图 6-27　星巴克室内色彩运用（一）

图 6-28　星巴克室内色彩运用（二）

图 6-29　星巴克包装设计（一）

轻松的爵士乐烘托富有浪漫和舒适情调的环境气氛，通过木材的肌理、抛光的大理石台面、洁白的咖啡杯，传达出现代简约的美感。

（6）包装美学——褐色深度的包装纸袋搭配华美圆润的标志是星巴克包装设计的主体风格（图 6-29、图 6-30）；另外，星巴克的包装美学在于不同地区设计不同风格的"随行杯"或在咖啡文化融入各个咖啡产地的传统艺术特性，设计出十几种精美贴纸。凸显各产地咖啡豆的独特性的同时，让顾客还能够看到包装就联想到各种咖啡的地域文化，让包装的形象一直保持新鲜（图 6-31）。

图 6-30　星巴克包装设计（二）

图 6-31　星巴克"随行杯"设计

6.4　Wal-Mart

　　Wal-Mart（沃尔玛）百货有限公司由美国零售业的传奇人物山姆沃尔顿先生于 1962 年在阿肯色州成立。经过 40 余年的发展，沃尔玛百货有限公司已经成为美国最大的私人雇主和世界上最大的连锁零售商，其商场遍布世界各个国家，总数超过 8000 家。

　　沃尔玛商店卖场的空间设计其特色主要体现在以下几个方面：

　　（1）设计别出心裁的货品陈列：菱形陈列台以多方位的角度将商品展示给消费者，每列商品由小到大衔接的准确、清楚，方便购物（图 6-32）。

　　（2）通过空间辅体设计烘托购物环境：

　　1）在色环境设计上：

　　①根据商品属性进行陈列：以色彩明示消费者较为明显：统一而富有持续性（图 6-33）。

　　②VI 品牌形象设计与时俱进：标识颜色与店内视觉色彩顺应时代的发展进行全新的设计，如标识由原来的深蓝底色变为淡淡的天蓝色，彰显企业文化的小字"save money. live better."相对于以前的"always low prices"更加实际和具体（图 6-34）；而店内的色彩则从原来的蓝色冷色系变为土黄色的暖色系，强调时尚、环保和亲

图 6-32　菱形陈列台

图 6-33　根据不同商品属性色彩搭配的陈列

和力（图 6-35）。

2）在光环境（照明）设计上：

①采用全新节能高效 T5（管径 16MM）荧光灯，对原有 T8（管径 26MM）荧光灯进行方案改造，提供更舒适的购物环境（图 6-36）。

②把 LED 灯应用在深色照明、冷冻柜、化妆品专柜。LED 灯可自动熄灭，顾客经过又会自动开启，大大地做到了节能环保。

3）在声环境设计上：经调查，沃尔玛消费群体多以年轻人为主。所以，通俗音乐播放尤为频繁，同时也会播放些美式乡村音乐以突出品牌，增进了与顾客的情感交流。

（3）根据沃尔玛"天天平价，薄利多销"的品牌经营理念，商品价格尤为准确、清楚，很大程度上促进了消费（图6-37）。

（4）根据另外一个品牌经验理念"顾客第一，微笑服务"设计出极具亲和力的企业象征图形，在卖场周围随处可见，真正起到了把品牌文化深入人心的作用。

图 6-34　与时俱进地沃尔玛标志

图 6-35　室内经过重新设计的色彩

图 6-36　沃尔玛室内照明设计

图 6-37　沃尔玛商品价格标识设计

6.5　Mercedes-Benz

100多年来，梅赛德斯品牌一直是汽车技术创新的先驱者，是一个几乎全世界无人不知的汽车品牌。如今，梅赛德斯—奔驰被认为是世界上最成功的高档汽车品牌之一，其完美的技术水平、过硬的质量标准、推陈出新的创新能力以及一系列经典轿跑车款式，都呈现出了无与伦比的豪华气派。可以说，梅赛德斯三叉星已成为世界上最著名的汽车及品牌标志之一。

1909年，当未来主义宣言刚刚在意大利发表，一些前卫的工业设计家梦想着有朝一日汽车能够飞驰的时候，德国人制作的、具有200马力的奔驰Blitzen汽车就已达到每小时205公里的速度，就连今天的汽车也自叹不如（图6-38）。

今天的奔驰依然散发着耀眼的光芒，其品牌商标一直以来都是世界十大著名商标之一。在奔驰品牌发展的历程

图6-38　奔驰Blitzen汽车

图 6-39 奔驰 G-Class 系

中,产品设计上始终保持着最为完整的思想和技术结构,我们在吸取他们经验的同时,不难发现有以下几点非常值得中国汽车自主品牌的发展:

(1)永远把做到最好、严把质量关放在第一位,奔驰广告堂而皇之地声称:"如果有人发现奔驰车发生故障,被迫'抛锚'我们将赠送您一万美金。"因此,奔驰产品服务性设计更是它享有盛誉的原因之一。例如:奔驰 G-Class 系是奔驰车历史上存在时间最长的车型,而且到 20 世纪 90 年代中旬,G-Class 系就证明了其在产品周期中顽强的生命力(图 6-39)。

(2)奔驰汽车就是形式和功能高度统一的设计代表,特别在产品的互动设计和质感设计方面尤为突出,例如:奔驰 sls amg 系汽车鸥翼门设计、太空舱般得内饰造型和五幅双条式镂空轮毂造型动感便是汽车行业形式美感的最佳代表(图 6-40)。

(3) 不断进行新技术上的更新和研发,奔驰汽车可称得上是"四轮"鼻祖,它比美国汽车大王亨利·福特 1896 年制成的第一辆"不用马拉的车"还要早整整十年。科研先导便是奔驰品牌最为重要的文化理念。

因此,未来几年,奔驰汽车将在新技术上,特别是新能源(零排放)技术上继续研发以下几款车型:

1)奔驰新 A 级氢燃料电池车

2)奔驰新 B 级氢燃料电池车(图 6-41)

3)奔驰新 SMART 纯电动车(图 6-42)

4)新 S 级——基于雷达碰撞预警安全系统和 Ditronic Plus 自动刹车、跟车系统

(4) 良好的服务,也使得奔驰汽车更加稳固了在同行业中的领先地位,永保名牌本色。

总结

对于我国的汽车生产企业来讲,要走的路还很长,我们可以效仿奔驰品牌的营销模式,同时结合本国的国情来发展汽车产业,主要借鉴方式有以下几点:

图 6-40　奔驰 sls amg 系

图 6-41　(对页上)
奔驰新 B 级氢燃料电池车

图 6-42　(对页下)
奔驰新 SMART 纯电动车

>>>>>>>>>

1）严把质量关；
2）迎合市场需求变化、提高服务水平；
3）建立自主品牌、选择适合的销售模式。

6.6　Coca-Cola

恐怕世界上还没有一种产品，能像可口可乐那样有如此高的知名度。作为全球最有价值的品牌——不管你走到世界的哪个地方，似乎都能看到它的"身影"。Coca-Cola的斯宾塞体标准字和品牌专用红色是其最突显的特征，可口可乐正是依靠这样一系列品牌识别要素，塑造了"世界第一"名饮的形象。而在传播品牌的同时，也同样地在传播着美国文化。集中力量，用每年数亿美元的费用，利用强大的广告攻势进行品牌传播。因此，我们毫不夸张地说：Coca-Cola正是利用广告进行有组织、有目的地强化消费者对它的品牌识别印象。

可口可乐的广告识别设计在中国的案例分析：

可口可乐公司是第一个走进中国市场的外国公司，它的成功就在于它保留了美国本土文化（自由、实用、自我风格）的同时，也影响着中国的文化；从心理学角度分析，要引起人们对某一事物的注意力，除了提高刺激物的强度之外，还必须提高刺激物出现的频率，这样就会达到使消费者对刺激物认知的目的。大量的广告宣传投入、奥运等大型体育活动的赞助等等，这一切把可口可乐的红色铺满了世界各地，带给人们欢乐、激情、奔放、自信的体验。

（1）"红遍全国"奥运电视广告：大量采用中国传统喜庆颜色（红色）作为载体的象征，与可口可乐一直积极倡导的乐观向上的品牌理念相契合（图6-43）。

（2）新年广告：新年是中国最为重要、最为隆重的传统节日，更是中国人亲人、朋友团聚、增加彼此间情感的主要时间段，可口可乐在这一时间推出广告不仅在很大程度上增强了品牌的亲和力，更重要的是拉近了中国以"家庭"为单位的品牌宣传范围。

图 6-43 "红遍全国"广告招贴

例如：可口可乐在千禧年推出的"舞龙篇"广告短片就深受中国老百姓的喜爱。广告不仅抓住了"龙"这个中国的传统吉祥物，而且还把"舞龙"这一传统节日的民俗活动与之相结合，充分说明了可口可乐公司拥有强大的品牌包装团队，在对中国的市场调查和文化的考察方面下足了功夫。2007年，可口可乐一组"金童玉女"回家拜年广告，牢牢抓住了中国几代人血脉相连，儿女在外想念家人的这样一种特殊情感，又一次将传统民俗带入创作中，与广告语"没有一种感觉比得上回家"紧密相融（图 6-44、图 6-45）。

（3）明星广告：可口可乐把年轻人看成主要的消费群体，所以，它深信明星是广告中永远的题材，其代言人多为当红歌星和体育明星，这与其青春、活力和激情的年轻一代相一致，先是张惠妹，"雪碧，晶晶亮，透心凉"；然后是新生代偶像谢霆锋出演的可口可乐"数码精英总动员"；再到2008年刘翔、姚明等；2011年的"飞轮海"偶像团体（图 6-46、图 6-47）。

图6-44 "金童玉女"回家拜年广告（一）

图6-45 "金童玉女"回家拜年广告（二）

图 6-46　明星广告

图 6-47　明星广告

>>>>>>>>>>

(4) 可口可乐品牌包装的多样化

可口可乐在产品包装上充分发掘本土的民俗文化特色，例如2007年双双怀抱可口可乐的笑容可掬、非常讨喜的金童玉女；2008年北京奥运会会徽纪念罐和"福娃"纪念罐系列；极具本土特色的一套十二生肖的易拉罐装，包括"魔术蛇"、"正义狗"、"柔道虎"等具有个性的生肖形象等（图6-49）。

图6-48　2008年北京奥运会会徽纪念罐

参考书目

[1] 李光斗. 品牌竞争力 [M]. 北京：中国人民大学出版社，2004.
[2] 宋联可，吴应泉. 百年老店是怎样炼成的 [M]. 北京：东方出版社，2004.
[3] 包晓闻，刘昆山. 企业核心竞争力经典案例 [M]. 北京：经济管理出版社，2005.
[4] 海天. 艺术概论 [M]. 上海：上海人民美术出版社，2005.
[5] 陈云岗. 品牌管理 [M]. 北京：中国人民大学出版社，2004.
[6] 陈云岗. 品牌推广 [M]. 北京：中国人民大学出版社，2004.
[7] 陈云岗. 品牌体验 [M]. 北京：中国人民大学出版社，2004.
[8] 陈云岗. 品牌战略 [M]. 北京：中国人民大学出版社，2004.
[9] 陈云岗. 品牌设计 [M]. 北京：中国人民大学出版社，2004.
[10] Kevin Lane Keller，李乃和、李凌、沈维、曹晴译. 战略品牌管理 [M]. 北京：中国人民大学出版社，2006.
[11] 刘威. 品牌战略管理实战手册 [M]. 广东：广东经济出版社，2004.
[12] 黄静. 品牌营销 [M]. 北京：北京大学出版社，2008.
[13] 袁竹、王菁华. 现代企业管理 [M]. 北京：清华大学出版社，2009.
[14] 唐纳德·R 莱（美）曼、拉塞尔·S 温纳（美）产品管理 [M]. 北京：北京大学出版社，2006.
[15] 方少华. 市场营销咨询 [M]. 北京：经济管理出版社，2008.
[16]（英）约翰·阿代尔. 战略领导 [M]. 海南：海南出版社，2006.
[17] The inmates are running the asycum:ALAN COOPER.Why High-Tech Products Drive Us Crazy and How to Restore the Sanity [M]，2001.

图片来源：百度、TinEye、腾讯等网站。